À l'école des albums

Méthode de lecture **CP**

Sous la direction d'**Agnès Perrin**,
Maitre de Conférences en littérature,
FDE/ESPE, Université de Montpellier

Karine Gros, Maitre de Conférences en littérature,
ESPE, Université Paris-Est Créteil

Sophie Warnet, Professeure des Écoles,
PEMF, Pierrelatte

Sylvie Girard, Professeure des Écoles, PEMF,
Conseillère pédagogique, Drôme

Françoise Bouvard, PEMF, Conseillère pédagogique
Mohamed Dib, PEMF
Brigitte Hermon Duc, PEMF, Conseillère pédagogique

RETZ
www.editions-retz.com
9 bis, rue Abel Hovelacque
75013 Paris

Présentation du manuel

Modules 1 à 6

• Le maitre ou la maitresse lit un album.

• Avant de lire le texte, on peut relire des mots que l'on connait déjà.

• On lit des extraits de cet album chaque semaine.

• On échange pour mieux comprendre le texte.

2 Aide-Mémoire
un / livre / c'est / la / de / aussi

Je lis ce texte.

D'après *Un livre, ça sert à quoi ?* (2)

• Un livre, c'est la voix de quelqu'un.
Un livre, c'est quelqu'un comme toi qui l'a écrit.
• Un livre, c'est aussi…
Un livre, c'est comme…

Je recherche.

Peux-tu écrire une histoire toi aussi ?

28

En début d'année, on apprend à combiner les lettres et les sons.

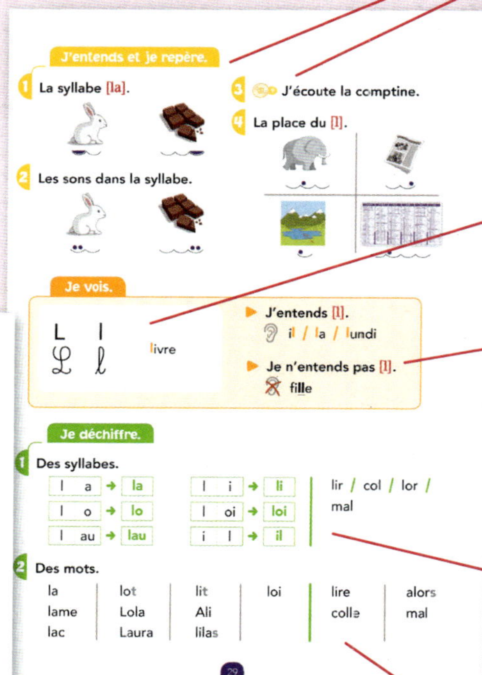
J'entends et je repère.

1 La syllabe [la].
2 Les sons dans la syllabe.
3 J'écoute la comptine.
4 La place du [l].

Je vois.

L l
livre

▶ J'entends [l].
il / la / lundi
▶ Je n'entends pas [l].
fille

Je déchiffre.

1 Des syllabes.

l a → la	l i → li	lir / col / lor / mal
l o → lo	l oi → loi	
l au → lau	i l → il	

2 Des mots.

la	lot	lit	loi	lire	alors
lame	Lola	Ali		colle	mal
lac	Laura	lilas			

29

• On relit des mots du texte pour s'entrainer à les reconnaitre.

• On lit de nouvelles phrases et un nouveau texte.

2 Je m'entraine à lire.

1 J'ai découvert de nouveaux mots.
quelqu'un | une voix | il écrit
toi

2 Je lis de nouvelles phrases.
1. Quelqu'un a écrit un livre. Qui est-ce ?
2. Comme toi, quelqu'un lit un livre.
3. C'est la voix de quelqu'un qui lit un livre.

3 Je lis un nouveau texte.
Dans la classe, quelqu'un lit un livre. Roméo écrit. Marie écrit. Laura, qui est l'amie de Marie, écrit aussi. Milo est là, c'est un garçon, comme Roméo.

▶ Cherche le personnage qui lit. À ton avis, qui est-ce ?

J'observe la langue.

Une fille rit. Un garçon lit une histoire.
Une fille de la classe rit. Un garçon de ta classe lit une histoire.

30

• On répond à une question sur le texte et l'image.

• On réfléchit à l'utilisation des mots et à l'organisation des phrases.

Ce manuel suit l'orthographe recommandée par les rectifications de 1990 et les programmes scolaires. Voir le site http://www.orthographe-recommandee.info et son mini guide d'information. Les albums jeunesse ne sont pas concernés.

ISBN 978-2-7256-3429-6

Modules 7 à 10

À partir du module 7, on connait tous les sons, alors on retravaille à partir des lettres pour apprendre à lire plus vite.

- On découpe les mots en syllabes. On repère la place de la syllabe, puis du son.
- On découvre un nouveau son à partir d'une comptine lue par le maitre ou la maitresse ou écoutée en version audio.
- On reconnait les lettres qui font le son, on apprend à les écrire.
- On apprend à reconnaitre les lettres muettes ou les différents sons que peuvent faire une lettre.
- On forme des syllabes pour lire de plus en plus vite.
- On s'entraine à lire des mots.

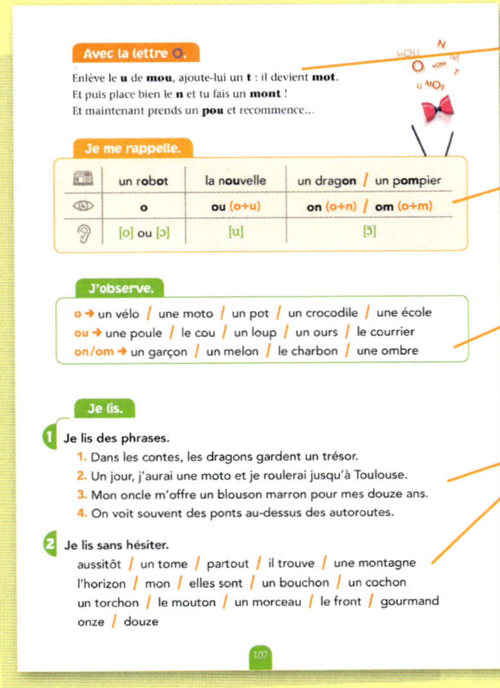

Avec la lettre o.

Enlève le **u** de **mou**, ajoute-lui un **t** : il devient **mot**.
Et puis place bien le **n** et tu fais un **mont** !
Et maintenant prends un **pou** et recommence...

Je me rappelle.

	un robot	la nouvelle	un dragon / un pompier
	o	ou (o+u)	on (o+n) / om (o+m)
	[o] ou [ɔ]	[u]	[ɔ̃]

J'observe.

o → un vélo / une moto / un pot / un crocodile / une école
ou → une poule / le cou / un loup / un ours / le courrier
on/om → un garçon / un melon / le charbon / une ombre

Je lis.

1 Je lis des phrases.
1. Dans les contes, les dragons gardent un trésor.
2. Un jour, j'aurai une moto et je roulerai jusqu'à Toulouse.
3. Mon oncle m'offre un blouson marron pour mes douze ans.
4. On voit souvent des ponts au-dessus des autoroutes.

2 Je lis sans hésiter.
aussitôt / un tome / partout / il trouve / une montagne
l'horizon / mon / elles sont / un bouchon / un cochon
un torchon / le mouton / un morceau / le front / gourmand
onze / douze

107

- On joue avec les mots et les lettres grâce à un petit texte amusant.
- On retrouve les combinaisons de lettres que l'on connait.
- On observe et on lit des mots classés par combinaisons de lettres et de sons.
- On s'entraine à lire de mieux en mieux.

À la fin de chaque module, une page de bilan permet de retrouver tout ce que l'on a appris.

- On apprend à écrire des mots sans erreur.
- On retrouve toutes les combinaisons de lettres et de sons que l'on a apprises dans le module.
- On collectionne les nouvelles combinaisons de lettres et de sons que l'on a rencontrées dans les textes.
- On apprend à observer et à construire des phrases.

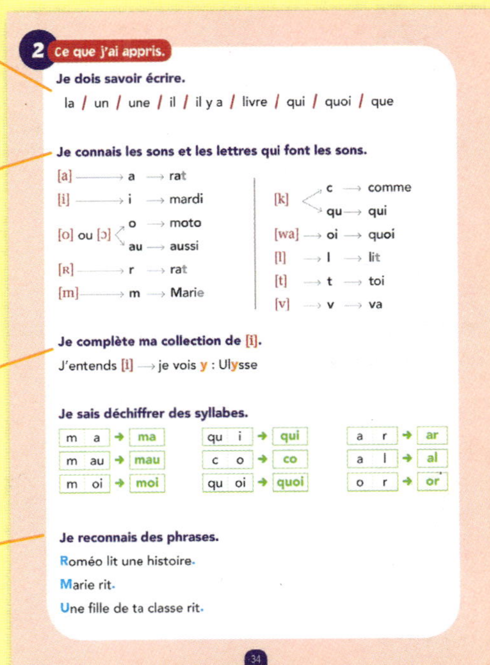

2 Ce que j'ai appris.

Je dois savoir écrire.
la / un / une / il / il y a / livre / qui / quoi / que

Je connais les sons et les lettres qui font les sons.

[a]	a	rat
[i]	i	mardi
[o] ou [ɔ]	o	moto
	au	aussi
[ʀ]	r	rat
[m]	m	Marie
[k]	c	comme
	qu	qui
[wa]	oi	quoi
[l]	l	lit
[t]	t	toi
[v]	v	va

Je complète ma collection de [i].
J'entends [i] → je vois y : Ulysse

Je sais déchiffrer des syllabes.

m a → ma
m au → mau
m oi → moi
qu i → qui
c o → co
qu oi → quoi
a r → ar
a l → al
o r → or

Je reconnais des phrases.
Roméo lit une histoire.
Marie rit.
Une fille de ta classe rit.

34

SOMMAIRE

Période	Module	Progression littéraire et culturelle	Unités
Période 1	**Module 1** En route pour la lecture 	Identifier des supports de lecture.	U. 1
Période 1		– Inventer un personnage en le faisant agir et en le nommant. – Travailler la relation texte-image dans un univers connu des élèves. – Découvrir un personnage mythologique (Ulysse).	U. 2 U. 3
Période 1	**Module 2** Un livre, ça sert à quoi ? 	– Lire un texte littéraire à structure répétitive. – Construire les fonctions symboliques de l'acte de lire. – Lire un texte documentaire pour découvrir une fonction sociale de la lecture. – Utiliser la relation texte-image pour comprendre.	U. 4 U. 5 U. 6 Ce que j'ai appris
Période 2	**Module 3** Ce que lisent les animaux avant de dormir 	– Lire un texte littéraire à structure répétitive. – Découvrir une œuvre littéraire construite autour de la notion de lecture personnelle et d'animaux anthropomorphisés. – S'interroger avant de lire une œuvre pour dégager un horizon d'attente. – Réinvestir les connaissances sur les fonctions de l'acte de lire (module 2). – Construire les références littéraires implicites dans un texte avec l'aide de l'image.	U. 7 U. 8
Période 2		– Construire des connaissances sur le loup en prélevant des informations dans un texte.	U. 9 Ce que j'ai appris
Période 2	**Module 4** Le loup qui voulait changer de couleur 	– Lire un texte dont la structure répétitive est centrée sur la chronologie. – Rencontrer un personnage stéréotypé (le loup) dans une recherche de détournement. – Comprendre les intentions d'un personnage. – Interroger l'estime de soi à travers l'évolution d'un personnage qui apprend à s'accepter par le regard que les autres portent sur lui.	U. 10 U. 11 U. 12 Ce que j'ai appris
Période 3	**Module 5** **Pour bien redémarrer** Les fourmis 	– Lire un documentaire et des légendes. – Utiliser la relation texte-image pour comprendre et se représenter une information scientifique.	U.13
Période 3		– Lire des textes poétiques de formes différentes.	U.14 Ce que j'ai appris
Période 3	**Module 6** L'histoire de la petite fourmi qui voulait déplacer des montagnes 	– Lire un récit dialogué. – Comprendre un récit en utilisant l'univers de référence et les connaissances sur le rapport à l'acte de lire. – Comprendre l'humour dans un texte en s'aidant du rapport texte-image. – Interpréter le rapport de chaque personnage aux histoires.	U. 15 U. 16 U. 17
Période 3		– Lire un texte poétique. – Rencontrer un personnage qui veut faire évoluer sa condition. – Comprendre le lien entre fiction et réalité dans un récit.	U. 18 Ce que j'ai appris

Étude du code		Observation de la langue	Situation d'écriture personnelle	Pages
Des sons…	vers les graphèmes			
l'alphabet [ra] [ri]	ra ri	– Reconnaitre les mots, les lettres. – Reconnaitre les syllabes.	– Écrire des prénoms. – Inventer des mots-valises et les utiliser dans une phrase.	9 à 13
[ra] [r] [a] [ri] [r] [i]	r, a, i	Construire une phrase simple (majuscule et point).		14 à 17
[rɔ] [o ou ɔ] [ma] [m]	o, au m	Faire varier les phrases par modification du sujet.		18 à 22
[ka] [k] [rwa] [wa]	c, qu oi	Faire varier les phrases par modification du verbe.	– Exprimer un rapport à la lecture en complétant des phrases. – Inventer le début d'une histoire.	23 à 27
[la] [l] [ti] [t]	l t	Faire varier les phrases par : – extension du groupe nominal, – variation du déterminant et du verbe.		28 à 31
[va] [v] collection de [i]	v y	Reconnaitre des phrases et les faire varier.		32 à 34
[ku] [u] [pi] [p]	ou p	Enrichir les groupes nominaux par l'ajout d'un adjectif.	S'approprier un langage littéraire en imitant des situations et des constructions syntaxiques.	35 à 41
[ga] [g] [me] [e]	g é	– Enrichir les groupes nominaux par coordination de deux adjectifs. – Faire varier les phrases par inversion du sujet et du complément d'objet.		42 à 45
[sa] [s] [fo] [f] collection de [e] collection de [s]	s, ss, ç f, ph et, es, er ce, ci	– Enrichir les phrases par extension du groupe nominal et ajout d'un complément circonstanciel de lieu. – Enrichir et faire varier les phrases et les groupes nominaux.		46 à 50
[ty] [y] [di] [d]	u d	Pronominaliser un nom de personne par *il* ou *elle*.	– Exprimer un point de vue sur une situation littéraire. – Ajouter un nouvel épisode au récit.	51 à 55
[bo] [b] [rə] [ə]	b e	Pronominaliser un nom d'animal et un GN expansé par *il* ou *elle*.		56 à 59
[lɔ̃] [ɔ̃] collection de [o]	on eau	Faire varier, enrichir et pronominaliser un GN masculin ou féminin.		60 à 62
[no] [n] [lɛ] [ɛ]	n ai, è, e	Observer la variation en genre audible du déterminant et du nom.	Écrire des définitions à partir d'un documentaire et de ses connaissances.	63 à 69
[ʃa] [ʃ] [pɑ̃] [ɑ̃] collection de [ɛ] collection de [ɔ̃]	ch an, en, em ê om	– Observer la variation en genre audible du GN expansé d'un adjectif qualificatif épithète. – Observer et comparer l'orthographe dans la variation en genre et repérer les lettres muettes.		70 à 74
[ʒy] [ʒ] [tœr] [œ]	j, g+e, g+i eu, œu	Observer la variation en genre audible dans un GN expansé par deux adjectifs.	– Exprimer un point de vue sur un récit. – Inventer des personnages pour une histoire à partir de ses connaissances.	75 à 79
[zo] [z] [pɛ̃] [ɛ̃]	z , .s. in , ein, ain	Observer la variation en genre inaudible dans un GN expansé par un adjectif.		80 à 83
[ɲɔ̃] [ɲ] [pj] [j]	gn i , y	Observer l'enchainement des variations en genre audible dans des phrases (adjectif et substitut).		84 à 87
[taj] [j] collection de [ɛ̃] collection de [e] collection de [s]	.ll., ill., .il im ez t	Observer les variations en genre du GN, de l'adjectif et du substitut pronominal.		88 à 90

Période	Module	Progression littéraire et culturelle	Unités
Période 4	**Module 7**  J'ai un lion à la maison	– Lire un texte poétique qui joue avec les stéréotypes. – Lire un texte narratif à la première personne. – Comprendre le décalage qui s'installe autour du stéréotype pour créer l'humour. – Percevoir l'amitié qui lie les deux personnages. 	U. 19 U. 20 U. 21 Ce que j'ai appris
	Module 8  Un loup au paradis	– Lire un arbre généalogique pour comprendre le décalage entre les personnages. – Rencontrer des personnages stéréotypés détournés (loup et mouton). – Découvrir la relation de pouvoir et d'autorité entre les personnages. – Interpréter la fin du récit (fin ouverte).	U. 22 U. 23 Ce que j'ai appris
Période 5	**Module 9**  Hänsel et Gretel	– Lire un texte patrimonial et comprendre la notion de ruse. – Lire des extraits de contes traditionnels (Grimm / Perrault). – Aborder le système des personnages par le stéréotype de la sorcière. – Découvrir le statut des personnages et l'inversion des valeurs traditionnelles (féminin / masculin).	U. 24 U. 25 U. 26 Ce que j'ai appris
	Module 10  La revanche des aubergines	– Lire un texte documentaire sur la notion d'équilibre alimentaire pour comprendre l'enjeu de l'œuvre littéraire. – Découvrir le problème qui enclenche un récit humoristique. – Comprendre l'évolution psychologique du personnage. – Analyser les rapports fiction – réalité.	U. 27 U. 28 U. 29 Ce que j'ai appris

Les 8 albums de la méthode de lecture

2

Un livre, ça sert à quoi ?

Chloé Legeay, éditions Alice jeunesse

Un livre, ça sert à quoi ? Tu t'en doutes, il y a beaucoup de choses à en dire. Regarde vite à l'intérieur ! Tu vas aller de surprise en surprise.

3

Ce que lisent les animaux avant de dormir

Noé Carlain, Nicole Duffaut, éditions Sarbacane

Les animaux aussi sont accros à la lecture du soir, mais chacun a ses petites habitudes : le kangourou n'aime que les livres de poche, les chauve-so[illegible]s histoires de vampires…

4

Le loup qui voulait changer de couleur

Orianne Lallemand, Eléonore Thuillier, éditions Auzou

Ce matin, le loup est de très méchante humeur. Tout en noir, il ne se trouve pas beau du tout. C'est décidé, il va changer de couleur ! Mais ce n'est pas aussi facile qu'il le croit…

6

L'histoire de la petite fourmi qui voulait déplacer des montagnes

Michaël Escoffier, Kris di Giacomo, éditions Frimousse

C'est l'histoire d'une petite fourmi qui voulait déplacer des montagnes. La petite fourmi parviendra-t-elle à s'imposer face à un dragon mal élevé qui n'en fait qu'à sa tête ?

7

J'ai un lion à la maison

Claude Prothée, Anne Wilsdorf, éditions Bayard

Un lion s'est installé dans le salon de monsieur Julien ! Est-ce une catastrophe ?

8

Un loup au paradis

Thierry Dedieu, éditions Seuil jeunesse

Chacun a sa petite idée du paradis sur terre. Pour Loupi, c'est vivre comme un mouton…

9

Hänsel et Gretel

conte de Jakob et Wilhelm Grimm, adapté par Gigi Bigot, éditions Bayard

Hänsel et Gretel sont abandonnés dans la forêt. Ils découvrent une maison faite de gâteau, de sucre et de pain d'épice. Malheureusement, la maison appartient à une sorcière qui veut les engraisser afin de les manger.

10

La revanche des aubergines

Davide Cali, Eric Héliot, éditions Sarbacane

Tanguy a horreur des aubergines que lui sert sa mère sous prétexte de le rendre fort et intelligent. Une trompette magique va lui permettre d'exaucer ses vœux…

Remerciements

Les éditions Retz remercient les éditeurs jeunesse pour leur aimable autorisation de reproduction des albums :

- *Un livre, ça sert à quoi ?* Chloé Legeay, éditions Alice jeunesse
- *Ce que lisent les animaux avant de dormir,* Noé Carlain, Nicole Duffaut, éditions Sarbacane
- *Le loup qui voulait changer de couleur*, Orianne Lallemand, Éléonore Thuillier, éditions Auzou
- *L'histoire de la petite fourmi qui voulait déplacer des montagnes*, Michaël Escoffier, Kris Di Giacomo, éditions Frimousse
- *J'ai un lion à la maison*, Claude Prothée, Anne Wilsdorf, éditions Bayard
- *Un loup au paradis*, Thierry Dedieu, éditions Seuil jeunesse
- *Hänsel et Gretel*, conte de Jakob et Wilhem Grimm, adapté par Gigi Bigot, éditions Bayard
- *La revanche des aubergines*, Davide Cali, Eric Heliot, éditions Sarbacane

Période 1

1

En route pour la lecture

1

Pour lire

Septembre 2016						
L	M	M	J	V	S	D
			1	2	3	4
5	6	7	8	9	10	11
12	13	14	15	16	17	18
19	20	21	22	23	24	25
26	27	28	29	30		

LUNDI
12
SEPTEMBRE

Octobre 2016						
L	M	M	J	V	S	D
					1	2
3	4	5	6	7	8	9
10	11	12	13	14	15	16
17	18	19	20	21	22	23
24	25	26	27	28	29	30
31						

37e sem. — St APOLLINAIRE — 256-110

lever 5 h 25, coucher 18 h 08 — le 16

Calendrier 2016

JANVIER
V 1 NOUVEL AN · S 2 s. Basile · D 3 Épiphanie · L 4 s. Odilon (1) · M 5 s. Edouard · M 6 s. Melaine · J 7 s. Raymond · V 8 s. Lucien · S 9 se Alix · D 10 s. Guillaume · L 11 s. Paulin (2) · M 12 se Tatiana · M 13 s. Hilaire · J 14 se Nina · V 15 s. Rémi · S 16 s. Marcel · D 17 se Roseline · L 18 se Prisca (3) · M 19 s. Marius · M 20 s. Sébastien · J 21 se Agnès · V 22 s. Vincent · S 23 s. Barnard · D 24 s. Fr. de Sales · L 25 Conv. s. Paul (4) · M 26 se Paule · M 27 se Angèle · J 28 s. Th. d'Aquin · V 29 s. Gildas · S 30 se Martine · D 31 se Marcelle

L 1 se Ella (5) · M 2 Présentation · M 3 s. Blaise · J 4 se Véronique · V 5 se Agathe · S 6 s. Gaston · D 7 se Eugénie · L 8 se Jacqueline (6) · M 9 Mardi Gras · M 10 Cendres · J 11 N.-D. de Lourdes · V 12 s. Félix · S 13 se Béatrice · D 14 1er Dim. de Carême · L 15 s. Claude (7) · M 16 se Julienne · M 17 s. Alexis · J 18 se Bernadette · V 19 s. Gabin · S 20 se Aimée · D 21 s. P. Damien · L 22 se Isabelle (8) · M 23 s. Lazare · M 24 s. Modeste · J 25 s. Roméo · V 26 s. Nestor · S 27 se Honorine · D 28 s. Romain · L 29 s. Auguste

MARS
M 1 s. Aubin (9) · M 2 s. Charles le Bon · J 3 s. Guénolé / Mi-Carême · V 4 s. Casimir · S 5 se Olive · D 6 Fête des Grands-Mères · L 7 se Félicité (10) · M 8 s. Jean de Dieu · M 9 se Françoise · J 10 s. Vivien · V 11 se Rosine · S 12 se Justine · D 13 s. Rodrigue · L 14 se Mathilde (11) · M 15 se Louise · M 16 se Bénédicte · J 17 s. Patrice · V 18 s. Cyrille · S 19 s. Joseph · D 20 Rameaux / PRINTEMPS · L 21 se Clémence (12) · M 22 se Léa · M 23 s. Victorien · J 24 se Cath. de Suède · V 25 Vendredi Saint · S 26 se Larissa · D 27 PÂQUES · L 28 s. Gontran (13) · M 29 se Gladys · M 30 s. Amédée · J 31 s. Benjamin

AVRIL
V 1 s. Hugues · S 2 se Sandrine · D 3 s. Richard · L 4 Annonciation (14) · M 5 se Irène · M 6 s. Marcellin · J 7 s. J.-Bapt. de la Salle · V 8 se Julie · S 9 s. Gautier · D 10 s. Fulbert · L 11 s. Stanislas (15) · M 12 s. Jules · M 13 se Ida · J 14 s. Maxime · V 15 s. Paterne · S 16 s. Benoît-Joseph · D 17 s. Anicet · L 18 s. Parfait (16) · M 19 se Emma · M 20 se Odette · J 21 s. Anselme · V 22 s. Alexandre · S 23 s. Georges · D 24 Souvenir des Déportés · L 25 s. Marc (17) · M 26 se Alida · M 27 se Zita · J 28 se Valérie · V 29 se Cath. de Sienne · S 30 s. Robert
PRINTEMPS : 20 MARS — Reproduction interdite

MAI
D 1 FÊTE DU TRAVAIL · L 2 s. Boris (18) · M 3 ss Phil., Jacq. · M 4 s. Sylvain · J 5 ASCENSION · V 6 se Prudence · S 7 se Gisèle · D 8 VICTOIRE 1945 / Fête J. d'Arc · L 9 s. Pacôme (19) · M 10 se Solange · M 11 se Estelle · J 12 s. Achille · V 13 se Rolande · S 14 s. Matthias · D 15 PENTECÔTE · L 16 s. Honoré (20) · M 17 s. Pascal · M 18 s. Eric · J 19 s. Yves · V 20 s. Bernardin · S 21 s. Constantin · D 22 Trinité · L 23 s. Didier (21) · M 24 s. Donatien · M 25 se Sophie · J 26 s. Bérenger · V 27 s. Augustin · S 28 s. Germain · D 29 Fête des Mères / St Sacrement · L 30 s. Ferdinand (22) · M 31 Visitation

JUIN
M 1 s. Justin · J 2 se Blandine · V 3 Sacré-Cœur · S 4 se Clotilde · D 5 s. Igor · L 6 s. Norbert (23) · M 7 s. Gilbert · M 8 s. Médard · J 9 se Diane · V 10 s. Landry · S 11 s. Barnabé · D 12 s. Guy · L 13 s. Antoine de P. (24) · M 14 s. Elisée · M 15 se Germaine · J 16 s. J.-F. Régis · V 17 s. Hervé · S 18 s. Léonce · D 19 Fête des Pères · L 20 s. Silvère (25) · M 21 ÉTÉ · M 22 s. Alban · J 23 se Audrey · V 24 s. Jean-Baptiste · S 25 s. Prosper · D 26 s. Anthelme · L 27 s. Fernand (26) · M 28 s. Irénée · M 29 ss Pierre, Paul · J 30 s. Martial
ÉTÉ : 21 JUIN

JUILLET
V 1 s. Thierry · S 2 s. Martinien · D 3 s. Thomas · L 4 s. Florent (27) · M 5 s. Antoine · M 6 se Mariette · J 7 s. Raoul · V 8 s. Thibaut · S 9 se Amandine · D 10 s. Ulrich · L 11 s. Benoît (28) · M 12 s. Olivier · M 13 ss Henri, Joël · J 14 FÊTE NATIONALE · V 15 s. Donald · S 16 N.-D. Mt-Carmel · D 17 se Charlotte · L 18 s. Frédéric (29) · M 19 s. Arsène · M 20 se Marina · J 21 s. Victor · V 22 se Marie-Mad. · S 23 se Brigitte · D 24 se Christine · L 25 s. Jacques (30) · M 26 ss Anne, Joachim · M 27 se Nathalie · J 28 s. Samson · V 29 se Marthe · S 30 se Juliette · D 31 s. Ignace de L.

AOÛT
L 1 s. Alphonse (31) · M 2 s. Julien-Eymard · M 3 se Lydie · J 4 s. J.-M. Vianney · V 5 s. Abel · S 6 Transfiguration · D 7 s. Gaétan · L 8 s. Dominique (32) · M 9 s. Amour · M 10 s. Laurent · J 11 se Claire · V 12 se Clarisse · S 13 s. Hippolyte · D 14 s. Evrard · L 15 ASSOMPTION (33) · M 16 s. Armel · M 17 s. Hyacinthe · J 18 se Hélène · V 19 s. Jean Eudes · S 20 s. Bernard · D 21 s. Christophe · L 22 s. Fabrice (34) · M 23 se Rose de L. · M 24 s. Barthélemy · J 25 s. Louis · V 26 se Natacha · S 27 se Monique · D 28 s. Augustin · L 29 se Sabine (35) · M 30 s. Fiacre · M 31 s. Aristide

SEPTEMBRE
J 1 s. Gilles · V 2 se Ingrid · S 3 s. Grégoire · D 4 se Rosalie · L 5 se Raïssa (36) · M 6 s. Bertrand · M 7 se Reine · J 8 Nativité N.-D. · V 9 s. Alain · S 10 se Inès · D 11 s. Adelphe · L 12 s. Apollinaire (37) · M 13 s. Aimé · M 14 Croix Glorieuse · J 15 s. Roland · V 16 se Edith · S 17 s. Renaud · D 18 se Nadège · L 19 se Emilie (38) · M 20 s. Davy · M 21 s. Matthieu · J 22 AUTOMNE · V 23 s. Constant · S 24 se Thècle · D 25 s. Hermann · L 26 ss Côme, Damien (39) · M 27 s. Vinc. de Paul · M 28 s. Venceslas · J 29 s. Michel · V 30 s. Jérôme
AUTOMNE : 22 SEPTEMBRE

OCTOBRE
S 1 se Th. de l'E.-J. · D 2 s. Léger · L 3 s. Gérard (40) · M 4 s. Fr. d'Assise · M 5 se Fleur · J 6 s. Bruno · V 7 s. Serge · S 8 se Pélagie · D 9 s. Denis · L 10 s. Ghislain (41) · M 11 s. Firmin · M 12 s. Wilfried · J 13 s. Géraud · V 14 s. Juste · S 15 se Th. d'Avila · D 16 se Edwige · L 17 s. Baudouin (42) · M 18 s. Luc · M 19 s. René · J 20 se Adeline · V 21 se Céline · S 22 se Elodie · D 23 s. Jean de C. · L 24 s. Florentin (43) · M 25 s. Crépin · M 26 s. Dimitri · J 27 se Emeline · V 28 ss Simon, Jude · S 29 s. Narcisse · D 30 se Bienvenue · L 31 s. Quentin

NOVEMBRE
M 1 TOUSSAINT (44) · M 2 Défunts · J 3 s. Hubert · V 4 s. Charles · S 5 se Sylvie · D 6 se Bertille · L 7 se Carine (45) · M 8 s. Geoffroy · M 9 s. Théodore · J 10 s. Léon · V 11 MORTS POUR LA PATRIE · S 12 s. Christian · D 13 s. Brice · L 14 s. Sidoine (46) · M 15 s. Albert · M 16 se Marguerite · J 17 se Elisabeth · V 18 se Aude · S 19 s. Tanguy · D 20 Christ Roi · L 21 Prés. Marie (47) · M 22 se Cécile · M 23 s. Clément · J 24 se Flora · V 25 se Catherine · S 26 se Delphine · D 27 Avent · L 28 s. Jacq. de la Marche (48) · M 29 s. Saturnin · M 30 s. André
HIVER : 21 DÉCEMBRE — Reproduction interdite

DÉCEMBRE
J 1 se Florence · V 2 se Viviane · S 3 s. Xavier · D 4 se Barbara · L 5 s. Gérald (49) · M 6 s. Nicolas · M 7 s. Ambroise · J 8 Imm. Conception · V 9 s. P. Fourier · S 10 s. Romaric · D 11 s. Daniel · L 12 se Jeanne F.C. (50) · M 13 se Lucie · M 14 se Odile · J 15 se Ninon · V 16 se Alice · S 17 se Tessa · D 18 s. Gatien · L 19 s. Urbain (51) · M 20 s. Abraham · M 21 HIVER · J 22 se Fr.-Xavière · V 23 s. Armand · S 24 se Adèle · D 25 NOËL · L 26 s. Etienne (52) · M 27 s. Jean · M 28 ss Innocents · J 29 s. David · V 30 Sainte Famille · S 31 s. Sylvestre

J'entends.

1 Je découpe les mots en syllabes et je code.

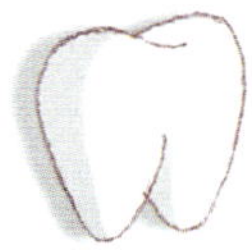

Je vois.

Je connais l'alphabet.

A B C D E F G H I J K L M N
O P Q R S T U V W X Y Z

a b c d e f g h i j k l m n
o p q r s t u v w x y z

a b c d e f g h i j k l m n
o p q r s t u v w x y z

A B C D E F G H I J K L M N
O P Q R S T U V W X Y Z

1

Je lis ce texte.

La classe

Dans la classe, il y a des filles et des garçons.

Marie est une fille
de la classe.

Roméo est un garçon
de la classe.

J'entends et je repère.

1 J'écoute la comptine.

2 La syllabe [ʀa].

3 La syllabe [ʀi].

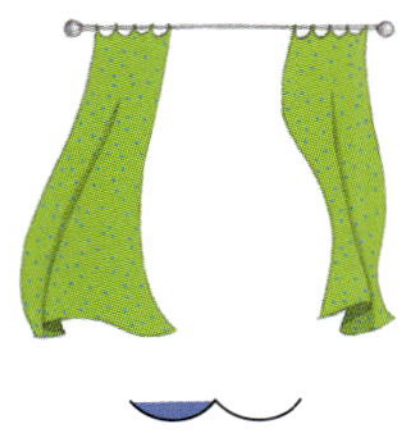

J'observe.

Je reconnais des mots. J'observe les lettres qui les composent.

dans : d/a/n/s	un : u/n	une : u/n/e	classe : c/l/a/s/s/e
d a n s	u n	u n e	c l a s s e

1

Aide-Mémoire

des / dans / la / classe / il y a / un / Marie / est

Je lis ce texte.

Des rats dans la classe

Dans la classe, il y a des rats.

Dans la classe, il y a du riz.

Il y a un rat
dans le riz.

C'est un rari !

Marie est
avec le rari.

Je recherche.

Trouve le mot inventé.

J'entends et je repère.

1 La syllabe [ʀa].

2 Les sons dans la syllabe.

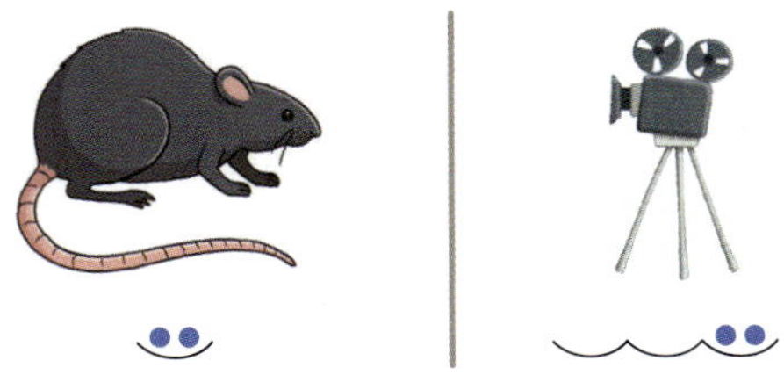

3 J'écoute les comptines.

4 La place du [ʀ].

5 La place du [a].

Je vois.

R r

un rat

Je vois.

A a

Marie

Je déchiffre.

1 Une syllabe.

r	a	→	ra

2 Un mot.

rat

1 Je m'entraine à lire.

1 J'ai découvert de nouveaux mots.

dans	une classe	c'est
du	un rat	il y a
de	du riz	
avec		

2 Je lis de nouvelles phrases.

1. C'est le rat de Marie.
2. Dans la classe, un garçon rit avec une fille.
3. Un rari est un rat avec du riz.

J'observe la langue.

Un garçon rit**.**

Une fille rit**.**

J'entends et je repère.

1 La syllabe [Ri].

2 Les sons dans la syllabe.

3 J'écoute la comptine.

4 La place du [i].

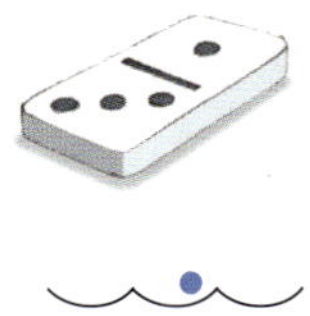

Je vois.

I	i	du riz
I	*i*	

Je déchiffre.

1 Des syllabes.

r i → ri

r a → ra

2 Des mots.

riz / rit / rira

3 Je lis une phrase.

Le rat rit dans le riz.

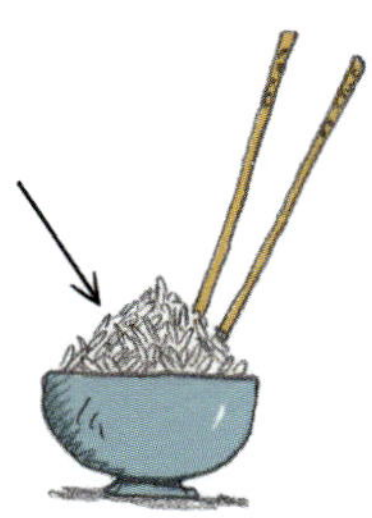

1 

Aide-Mémoire

c'est / un / est / une / le / Roméo / du / Marie

Je lis ce texte.

C'est un rari.

C'est un livre.
C'est l'histoire d'un rari.
Le rari est sur une moto.

Roméo lit l'histoire du rari.

Marie lit aussi un livre.
C'est l'histoire d'Ulysse.

Je recherche.

Quels sont les personnages des livres de Marie et de Roméo ?

J'entends et je repère.

1 La syllabe [RO].

2 Les sons dans la syllabe.

3 J'écoute la comptine.

4 La place du [o] ou [ɔ].

Je vois.

O o

O o

Roméo

Au au

Au au

aussi

▶ J'entends [o] ou [ɔ].

Roméo

▶ Je n'entends pas [o] ou [ɔ].

garçon

Je déchiffre.

1 Des syllabes.

r o → ro | r i → ri | o r → or

2 Des mots.

rot | rit | riz | or

1 Je m'entraine à lire.

1 J'ai découvert de nouveaux mots.

sur	un livre	il lit
aussi	une histoire	
	une moto	
	Ulysse	

2 Je lis de nouvelles phrases.

1. Marie lit un livre, Lara aussi.
2. Dans l'histoire, le rari est sur une moto.

▶ **Trouve la phrase qui va avec l'image.**

3 Je lis un nouveau texte.

Dans le livre, il y a une histoire. Dans l'histoire, il y a une fille. Dans l'histoire, il y a aussi un garçon. C'est Ulysse.

J'observe la langue.

Un garçon rit.
Roméo rit.

Une fille rit.
Marie rit.

J'entends et je repère.

1 La syllabe [ma].

2 Les sons dans la syllabe.

3 J'écoute la comptine.

4 La place du [m].

Je vois.

M m

M m

moto

Je déchiffre.

1 Des syllabes.

m a → ma

m o → mo

m i → mi

mor / mar

2 Des mots.

ma	mot	mimi	mort
mari	momie	ami	mare
Marie		mamie	

1 J'écoute l'histoire d'Ulysse.

1

2

3

4

Je recherche.

Tu as écouté l'histoire d'Ulysse.
Maintenant raconte-la en t'aidant des images.

Période 1

2

Un livre,
ça sert à quoi ?
Chloé Legeay
HISTOIRES COMME ÇA
ALICE
JEUNESSE

2

Aide-Mémoire

un / livre / c'est / une

Je lis ce texte.

D'après *Un livre, ça sert à quoi ?* (1)

- Un livre, ça sert à quoi ?
  Un livre, c'est un ami…
- Un livre, c'est comme une aventure…
  Un livre, c'est… .

Débat

À ton avis, un livre, ça sert à quoi ?

J'entends et je repère.

1 La syllabe [ka].

2 Les sons dans la syllabe.

3 J'écoute la comptine.

4 La place du [k].

Je vois.

C c
C c
comme

Qu qu
Qu qu
quoi

▶ J'entends [k].
comme

▶ Je n'entends pas [k].
c'est / ça

Je déchiffre.

1 Des syllabes.

c	a	→	ca
c	o	→	co

qu	i	→	qui

car / roc

2 Des mots.

carie	comme	qui	car	roc
cacao	coca	riquiqui		Maroc

2 Je m'entraine à lire.

1 J'ai découvert de nouveaux mots.

comme quoi ça	une aventure	il sert

2 Je lis de nouvelles phrases.

1. Ça sert à quoi une moto ?
2. Comme Marie, Roméo lit un livre dans la classe.
3. Ça sert à quoi un ami ?

3 Je lis un nouveau texte.

Au lit, Lara lit une histoire. C'est une aventure du rari.
Le rari est dans une mare avec des rats. Lara rit.
Roméo lit aussi une aventure du rari.
Dans le livre de Roméo, le rari est l'ami de Mimi.

▶ **Trouve la phrase qui va avec l'image.**

J'observe la langue.

Un garçon rit.	Roméo rit.	Une fille rit.	Marie rit.
Un garçon **lit**.	Roméo **lit**.	Une fille **lit**.	Marie **lit**.

J'entends et je repère.

1 La syllabe [ʀwa].

2 Les sons dans la syllabe.

3 J'écoute la comptine.

4 La place du [wa].

Je vois.

oi

oi

un roi

Je déchiffre.

1 Des syllabes.

r	oi	→	roi
m	oi	→	moi
qu	oi	→	quoi

roir / moir

2 Des mots.

oie	roi	moi	quoi	miroir
		mois		armoire

2

Aide-Mémoire

un / livre / c'est / la / de / aussi

Je lis ce texte.

D'après *Un livre, ça sert à quoi ?* (2)

- Un livre, c'est la voix de quelqu'un.
  Un livre, c'est quelqu'un comme toi
  qui l'a écrit.
- Un livre, c'est aussi…
  Un livre, c'est comme…

Je recherche.

Peux-tu écrire une histoire, toi aussi ?

J'entends et je repère.

1 La syllabe [la].

2 Les sons dans la syllabe.

3 J'écoute la comptine.

4 La place du [l].

 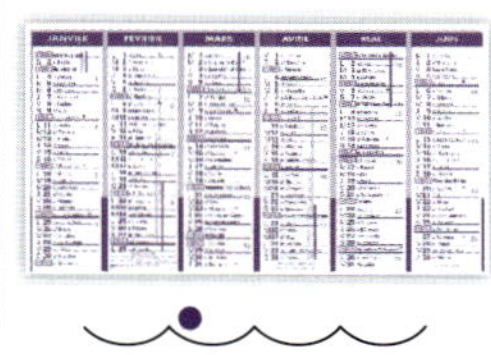

Je vois.

L l

ℒ ℓ

livre

▶ J'entends [l].

il / la / lundi

▶ Je n'entends pas [l].

fille

Je déchiffre.

1 Des syllabes.

l	a	→	la	l	i	→	li
l	o	→	lo	l	oi	→	loi
l	au	→	lau	i	l	→	il

lir / col / lor

mal

2 Des mots.

la	lot	lit	loi	lire	alors
lame	Lola	Ali		colle	mal
lac	Laura	lilas			

2 Je m'entraine à lire.

1 J'ai découvert de nouveaux mots.

quelqu'un toi	une voix	il écrit

2 Je lis de nouvelles phrases.

1. Quelqu'un a écrit un livre. Qui est-ce ?
2. Comme toi, quelqu'un lit un livre.
3. C'est la voix de quelqu'un qui lit un livre.

3 Je lis un nouveau texte.

Dans la classe, quelqu'un lit un livre. Roméo écrit. Marie écrit. Laura, qui est l'amie de Marie, écrit aussi. Milo est là, c'est un garçon, comme Roméo.

▶ **Cherche le personnage qui lit. À ton avis, qui est-ce ?**

J'observe la langue.

Une fille rit.	Un garçon lit une histoire.
Une fille **de la classe** rit.	Un garçon **de ta classe** lit une histoire.

J'entends et je repère.

1 La syllabe [ti].

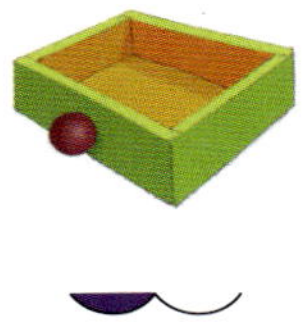

2 Les sons dans la syllabe.

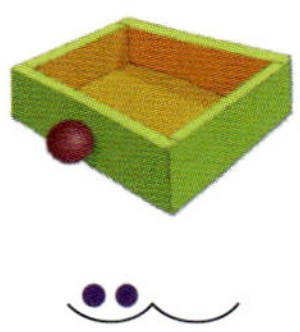

3 J'écoute la comptine.

4 La place du [t].

Je vois.

T t

T t

une tomate

▶ J'entends [t].

auto

▶ Je n'entends pas [t].

rat / lit

Je déchiffre.

1 Des syllabes.

t a	→	ta	t i	→	ti
t o	→	to	t oi	→	toi

tri / tir

tro

2 Des mots.

tata	toto	tire	toi	tri
Lolita	tomate	tiroir	toit	tir
tatami	auto	titre	toile	trop

2

Aide-Mémoire

il y a / des / livres / dans / classe / c'est / une / de / **avec**

Je lis ce texte.

La bibliothèque

À la bibliothèque, il y a des livres comme dans la classe.

À la bibliothèque, tu vas lire tout ce que tu veux.

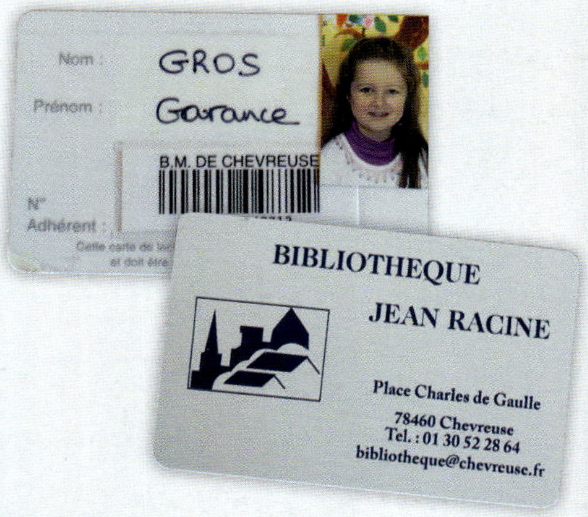

C'est une carte de bibliothèque.

Avec ta carte, tu vas prendre trois livres.

Je recherche.

À quoi sert la bibliothèque ?
À quoi sert la carte de bibliothèque ?

J'entends et je repère.

1 La syllabe [va].

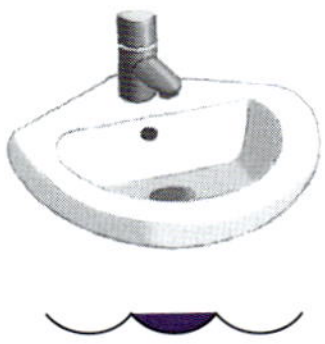

2 Les sons dans la syllabe.

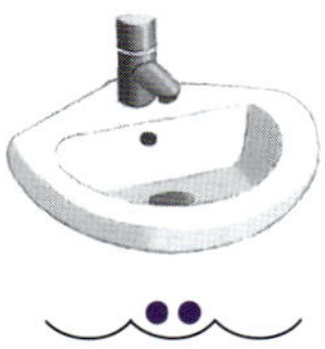

3 J'écoute la comptine.

4 La place du [v].

Je vois.

V v

V v

voir

Je déchiffre.

1 Des syllabes.

v	a	→	va	
v	i	→	vi	
v	o	→	vo	
v	oi	→	voi	

voir / vol

vre

2 Des mots.

va	vie	vos	voix	voir
valoir	ravi	votre	voile	vol
	vite	vomir	voilà	livre

2 Ce que j'ai appris.

Je dois savoir écrire.

la / un / une / il / il y a / livre / qui / quoi / que

Je connais les sons et les lettres qui font les sons.

[a] → a → rat

[i] → i → mardi

[o] ou [ɔ] → o → moto ; au → aussi

[ʀ] → r → rat

[m] → m → Marie

[k] → c → comme ; qu → qui

[wa] → oi → quoi

[l] → l → lit

[t] → t → toi

[v] → v → va

Je complète ma collection de [i].

J'entends [i] → je vois y : Ulysse

Je sais déchiffrer des syllabes.

m a	→	ma	qu i	→	qui	a r	→	ar
m au	→	mau	c o	→	co	a l	→	al
m oi	→	moi	qu oi	→	quoi	o r	→	or

Je reconnais des phrases.

Roméo lit une histoire.

Marie rit.

Une fille de ta classe rit.

Période 2

3

Noé Carlain – Nicolas Duffaut
Ce que lisent les animaux
avant de dormir

3

J'écoute et j'imagine.

Extrait de *Ce que lisent les animaux avant de dormir* (1)

L'agneau adore
les histoires de loups
mais seulement
quand ils perdent à la fin.

Les crapauds
relisent tout le temps
la même histoire de bisou
et de prince charmant.

Le cheval n'aime pas les livres.
Il préfère « Le Journal des courses ».

J'écoute et j'imagine.

Les girafes
aiment lire
mais
ce n'est pas facile.

Le kangourou n'aime
que les livres de poche.

Les paresseux
ne lisent
que des pages blanches.

Je recherche.

Que lisent les animaux ? À ton avis, pourquoi ?
À ton tour, imagine quelles histoires lit le lapin.
Et l'oiseau, que lit-il ? Et l'éléphant ? Et le poisson ?

3

Aide-Mémoire

est / du / **et** / dans / **tout** / **ça** / **bibliothèque**

Je lis ce texte.

Extrait de *Ce que lisent les animaux avant de dormir* (2)

Voici la page qui est à la fin du livre.

Et les rats dans tout ça ?
Ils sont tous à
la bibliothèque !

Je recherche.

Choisis un autre animal. Écris une phrase qui ressemble à la dernière phrase de l'album.

J'entends et je repère.

1 La syllabe [ku].

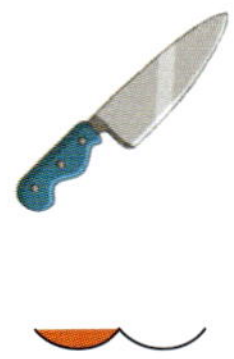

2 Les sons dans la syllabe.

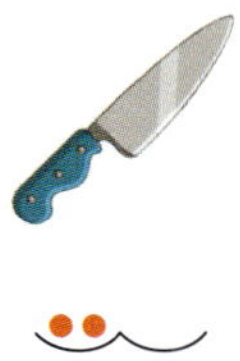

3 J'écoute la comptine.

4 La place du [u].

Je vois.

ou

ou

un **lou**p

Je déchiffre.

1 Des syllabes.

m ou → **mou**

r ou → **rou**

c ou → **cou**

v ou → **vou**

cour / tour

trou

2 Des mots.

mou	roue	cou	vous	cours
moule	roule	coup	vouloir	tourte
mourir	route	courir		trouve

3 Je m'entraine à lire.

1 J'ai découvert de nouveaux mots.

les	la fin	ils sont
voici	la page	
tous		

2 Je lis de nouvelles phrases.

1. Il lit la fin d'un livre à la bibliothèque.
2. Trouve la page qui est à la fin du livre.
3. Il y a des rats à la bibliothèque.

3 Je lis un nouveau texte.

Avec sa carte, Milo a pris un livre à la bibliothèque. Il le lit dans son lit. Sur une page, Milo voit un loup qui a un livre. À la fin de l'histoire, il y a des rats. Où sont-ils ? Milo lit : « Ils sont tous à la bibliothèque. »

▶ **Où est Milo ?**

J'observe la langue.

Un garçon lit une histoire.
Un garçon lit une histoire **courte**.

Une fille lit une histoire.
Une fille lit une histoire **courte**.

J'entends et je repère.

1 La syllabe [pi].

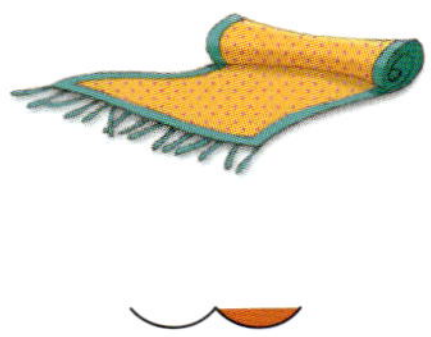

2 Les sons dans la syllabe.

3 J'écoute la comptine. (13)

4 place du [p].

Je vois.

P p

une **p**oule

▶ J'entends [p].
ta**p**is

▶ Je n'entends pas [p].
lou**p**

Je déchiffre.

1 Des syllabes.

p i → **pi**
p oi → **poi**

p a → **pa**
p ou → **pou**

par / por
pour

2 Des mots.

pile	pois	pas	poule	part
tapis	poire	papa	poutre	port
toupie		papi	pourri	pour

3

Aide-Mémoire

et / le / que / une / histoire / de / fille / les / un

Je lis ce texte.

Extrait de *Ce que lisent les animaux avant de dormir* (3)

Et le grand loup, gros, tout gras... que lit-il pour dormir ?
Une histoire de petite fille qui apporte une galette à sa grand-mère ?

Le loup lit
« Les trois petits cochons »
et... un livre de cuisine.

Débat

À ton avis, pourquoi le loup choisit-il ces livres ?
Imagine quel autre livre il pourrait choisir.

J'entends et je repère.

1 La syllabe [ga].

2 Les sons dans la syllabe.

3 J'écoute la comptine. (14)

4 La place du [g].

Je vois.

G g

G g

une **g**are

▶ J'entends [g].

gros

▶ Je n'entends pas [g].

pa**g**e

Je déchiffre.

1 Des syllabes.

g a → **ga**   g o → **go**

g ou → **gou**

gro / gre

2 Des mots.

galop	gout	gomme	gros	tigre
gare	ragout	rigolo	grotte	ogre
Agathe	goutte			

3 Je m'entraine à lire.

1 J'ai découvert de nouveaux mots.

une galette	grand	dormir
sa grand-mère	gros	
une cuisine	gras	
un cochon	petit	

2 Je lis de nouvelles phrases.

1. Un petit cochon lit l'histoire d'une grand-mère.
2. Le loup lit un livre de cuisine.
3. Une petite fille lit une histoire de loups et de petits cochons.

3 Je lis un nouveau texte.

Laura va à la bibliothèque avec sa carte. Elle prend un livre qui parle d'un loup, de trois petits cochons et d'une moto. Sur une page du livre, Laura lit : « À quoi sert une moto dans une histoire de petits cochons et de loup ? »

▶ **À ton avis, à quoi sert la moto dans cette histoire ?**

J'observe la langue.

Ali lit une histoire courte.

Ali lit une histoire courte **à Marie**.

Ali lit une histoire courte **et rigolote** à Marie.

Marie lit une histoire courte et rigolote à **Ali**.

J'entends et je repère.

1 La syllabe [me].

2 Les sons dans la syllabe.

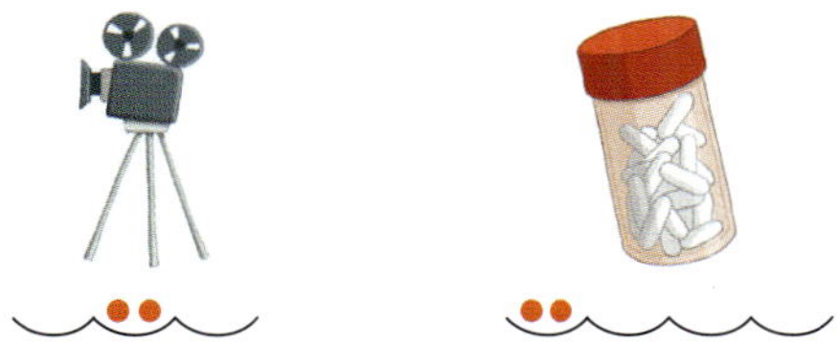

3 J'écoute la comptine.

4 La place du [e].

Je vois.

É é
É é

une poupée

Je déchiffre.

1 Des syllabes.

v é → vé	m é → mé	pré
p é → pé	r é → ré	cré

2 Des mots.

Émilie	vélo	pépé	Roméo	carré	prépare
Émile	pavé	épée	météo	réalité	crée
étale	vérité	poupée	Amélie	répare	

3 Aide-Mémoire

le / c'est / de / grands / est / avec / les / dans / histoires

Je lis ce texte.

loup n.m. 1. Le loup, c'est un animal qui ressemble à un gros chien. Il a de grands crocs. Il est noir ou gris.

2. Il ne vit pas avec les hommes car il est sauvage.

3. Parfois, dans les histoires, il n'aime pas les autres.

Je recherche.

Trouve les mots ou groupes de mots qui expliquent pourquoi le loup fait peur dans les histoires.

Débat

Le loup n'aime pas les autres. À ton avis, qui sont les personnages que le loup n'aime pas dans les histoires ?

J'entends et je repère.

1 La syllabe [sa].

2 Les sons dans la syllabe.

3 J'écoute la comptine. (16)

4 La place du [s].

Je vois.

S s
𝒮 𝓈

soupe

.ss. .𝓈𝓈. Ç ç

la classe un garçon

▶ J'entends [s].

salade / grasse

▶ Je n'entends pas [s].

cuisine / gros

Je déchiffre.

1 Des syllabes.

s i	→ si	s ou	→ sou	as / sour
s a	→ sa	.ss. é	→ .ssé	

2 Des mots.

sirop	salive	sous	passé	aspire
assis	salé	soupe	ramassé	sourd

3 Je m'entraine à lire.

1 J'ai découvert de nouveaux mots.

ne	un animal	sauvage	on dit
parfois	un chien	noir	il ressemble
			il n'aime pas

2 Je lis de nouvelles phrases.

1. Le loup ne vit pas avec les hommes, car c'est un animal sauvage.
2. Le loup a de grands crocs, il ressemble au chien.
3. Le loup de l'histoire est tout noir.

3 Je lis un nouveau texte.

Ma grand-mère a un gros chien noir. Ce chien n'aime pas les oies alors il court vite pour les attraper. Papa dit : « Ce chien est un animal trop sauvage. Il ressemble à un loup car il est tout noir et a de gros crocs. »

▶ **Trouve la phrase qui va avec l'image.**

J'observe la langue.

Grand-mère attrape le chien dans la cour.

Grand-mère attrape le **gros** chien **noir** dans la cour.

Dans la cour, Grand-mère attrape le gros chien noir.

J'entends et je repère.

1 **La syllabe [fo].**

2 **Les sons dans la syllabe.**

3 17 **J'écoute la comptine.**

4 **La place du [f].**

Je vois.

F f
F f

du ca**f**é

ph
ph

une **ph**oto

Je déchiffre.

1 **Des syllabes.**

f a → **fa**

f ou → **fou**

f i l → **fil**

f ou r → **four**

phar / far

2 **Des mots.**

facile	fou	fil	four	phare
rafale	foule	film	fourmi	pharmacie
face	foulée	filmer		farce

…pris.

…is savoir écrire.

…e / les / des / un mot / tout / petit / pas / dans / trois

Je connais les sons et les lettres qui font les sons.

[u] → ou → loup

[p] → p → poule

[g] → g → garçon

[e] → é → poupée

[s] → s → samedi

[s] → .ss. → classe

[s] → ç → garçon

[f] → f → café

[f] → ph → photo

Je complète mes collections.

J'entends [e] → je vois **et** : un loup noir **et** sauvage

J'entends [e] → je vois **es** : l**es** cochons

J'entends [e] → je vois **er** : attrap**er**

J'entends [s] → je vois **c** : **c**e / far**c**e / fa**c**ile

Je commence à lire des syllabes complexes.

p ar	→	**par**	g ar	→	**gar**	f or	→	**for**
p ra	→	**pra**	g ri	→	**gri**	f ri	→	**fri**
p lu	→	**plu**	g ro	→	**gro**	f ra	→	**fra**

Je commence à compléter et à modifier des phrases.

Roméo lit une histoire à Marie.

Dans la classe, Roméo lit une histoire **courte et rigolote** à Marie.

Marie lit une histoire courte et rigolote à **Roméo dans la classe**.

Période 2

4

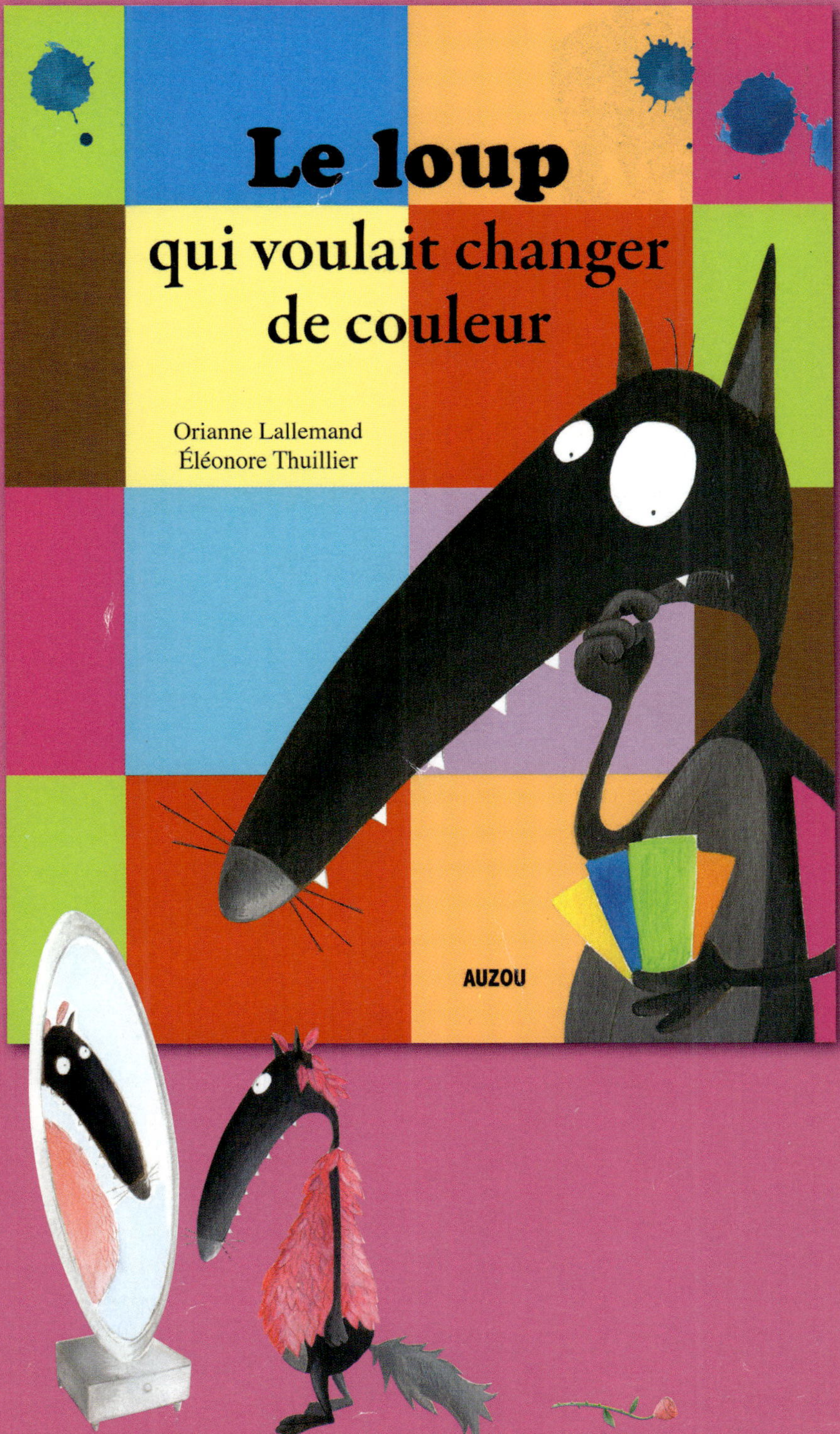
Le loup
qui voulait changer
de couleur
Orianne Lallemand
Éléonore Thuillier
AUZOU

4

Aide-Mémoire

c'est / un / **noir** / **aime** / est / **mardi** / le /
grand-mère / dans / **ne** / du / **mercredi**

Je lis ce texte.

D'après *Le loup qui voulait changer de couleur* (1)

- *C'est l'histoire d'un loup noir qui n'aime pas sa couleur, car elle est triste.*

Mardi

Le loup mit le pull rouge tricoté par sa grand-mère. Quand il fut tout rouge, il se regarda dans son miroir et s'exclama : « Cela ne va pas du tout ! »

- **Mercredi**

  Il se couvrit le corps de pétales de fleurs. Quand il fut tout rose, il se regarda dans son miroir et s'exclama : « Cela ne va pas du tout ! »

Je recherche.

Que fait le loup ? Pourquoi ?

J'entends et je repère.

1 La syllabe [ty].

2 Les sons dans la syllabe.

3 J'écoute la comptine.

4 La place du [y].

Je vois.

U u

𝒰 𝓊

une tortue

▶ J'entends [y].

mur / pull

▶ Je n'entends pas [y].

loup / lundi / qui

Je déchiffre.

1 Des syllabes.

p	u	→	pu
c	u	→	cu
t	u	→	tu
f	u	→	fu

p	u	l	→	pul
c	u	l	→	cul

tur / tru

gru

2 Des mots.

purée	culotte	voiture	futé	Turc
puma	cultiver	tulipe	fumée	truc
pull			touffu	grue

4 Je m'entraine à lire.

1 J'ai découvert de nouveaux mots.

son	une couleur	triste	il fut
quand	des fleurs	rose	elle regarda
cela		rouge	il s'exclama
se			

2 Je lis de nouvelles phrases.

1. Ma grand-mère a tricoté un pull rouge écarlate.
2. Mardi, un loup triste se regarda dans son miroir.
3. Tu vois, les pétales sont de toutes les couleurs.

3 Je lis un nouveau texte.

Émilie est malade. Elle tousse, elle a mal partout.
Elle avale une pilule rouge
et du sirop rose.
Son papi lui dit : « Où as-tu
attrapé ce virus ?
Il faut te couvrir, dormir
et, mardi, tu iras à l'école. »

J'observe la langue.

Papi tricote un pull.
Il tricote un pull.

Grand-mère tricote un pull.
Elle tricote un pull.

J'entends et je repère.

1 La syllabe [di].

 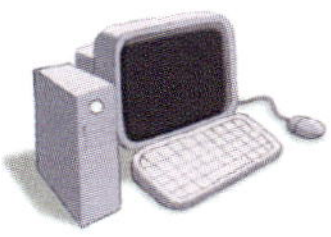

2 Les sons dans la syllabe.

3 J'écoute la comptine. (19)

4 La place du [d].

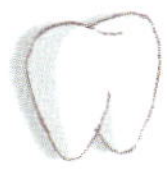 

Je vois.

D d

𝒟 𝒹

un cadeau

▶ J'entends [d].

mardi

▶ Je n'entends pas [d].

tard / grand

Je déchiffre.

1 Des syllabes.

d i → di	d i c → dic		dra / dru
d u → du	d u r → dur		droi
d ou → dou			
d é → dé			

2 Des mots.

dit	du	doux	dé	drap
dire	durée	douce	décor	maladroit
midi	dur	doute	démodé	droit
dictée	durcir	doudou	défilé	droite

4

Aide-Mémoire

samedi / le / **se** / dans / une / de / **quand** / **regarda** / **son** / ne / **ressemble** / **cela** / **dimanche** / **s'exclama**

Je lis ce texte.

D'après *Le loup qui voulait changer de couleur* (2)

• **Samedi**

Le loup se roula dans une mare de boue.
Quand il fut tout marron, il se regarda dans son miroir et soupira : « Oh là là ! Maintenant, je ne ressemble plus à rien…
Cela ne va pas du tout ! »

• **Dimanche**

Quand il fut paré des plumes du paon, il se regarda dans son miroir et s'exclama :
« Oh ! Comme je suis beau, cette fois ! »

Je recherche.

Que dit le loup le dimanche ? À ton avis, pourquoi ?

J'entends et je repère.

1 La syllabe [bo].

2 Les sons dans la syllabe.

3 20 J'écoute la comptine.

4 La place du [b].

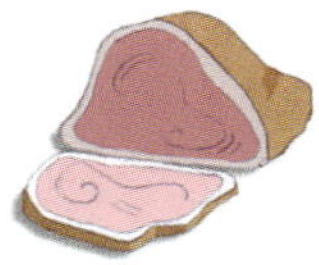

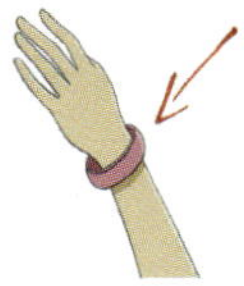

Je vois.

B b

B b

un **b**é**b**é

Je déchiffre.

1 Des syllabes.

b	ou	→	**bou**
b	o	→	**bo**
b	a	→	**ba**

b	o	l	→	**bol**
b	o	r	→	**bor**
b	a	r	→	**bar**

bleau / bri

2 Des mots.

bout	lavabo	baver	bar	tableau
boule	robot	bavoir	barque	abri
boutique	bol	balle	barbe	abricot
hibou	bord			bricoler

4 Je m'entraine à lire.

1 J'ai découvert de nouveaux mots.

maintenant	un paon	marron	je suis
rien	la boue	beau	
cette			

2 Je lis de nouvelles phrases.

1. La boue de cette mare est toute marron.
2. Quand il se vit dans son miroir, le beau paon soupira.
3. Le loup s'exclama : « Maintenant je suis beau ! »

3 Je lis un nouveau texte.

Qui suis-je ?

- Je suis un animal rose qui aime la boue.
  Parfois, dans les histoires, le loup veut m'attraper.
  Je suis…
- Je suis rouge. Je pousse à côté des salades et des radis.
  Je suis…
- Je suis un animal à plumes. Je picore et je vis avec le coq.
  Je suis…

J'observe la langue.

La poule court vite.
Elle court vite.

Le gros chien noir court vite.
Il court vite.

J'entends et je repère.

1 La syllabe [Rə].

2 Les sons dans la syllabe.

3 J'écoute la comptine. (21)

4 La place du [ə].

Je vois.

E e

E e

p**e**tit

- J'entends [ə].
  r**e**pas
- Je n'entends pas [ə].
  Mari<u>e</u> / bou<u>e</u> / <u>e</u>au

Je déchiffre.

1 Des syllabes.

r e → **re**	d e → **de**	bre / gre
p e → **pe**	m e → **me**	vre

2 Des mots.

repas	petit	de	me	brebis
repos	petite	demi	samedi	arbre
revoir	pelote	debout	marmelade	grelot
				livre

4

Aide-Mémoire

dimanche / **beau** / un / dans / son / cela / ne / **je** / **veux** / **rouge** / **rose** / **marron** / **suis**

Je lis ce texte.

D'après *Le loup qui voulait changer de couleur* (3)

• **Dimanche**
Le loup se trouva beau.
Mais c'était aussi l'avis de
toutes les louves des environs.
Le pauvre loup multicolore
n'était jamais tranquille.

• Un soir, à bout de nerfs,
le loup se regarda dans
son miroir et dit :
« Cela ne va pas du tout !
Je ne veux plus être
ni vert, ni rouge, ni rose,
ni bleu, ni orange,
ni marron, ni multicolore !
Je suis très bien en loup ! »

Débat

À ton avis, pourquoi le loup veut-il ressembler à un loup ?

J'entends et je repère.

1 La syllabe [lɔ̃].

2 Les sons dans la syllabe.

3 J'écoute la comptine.

4 La place du [ɔ̃].

Je vois.

on

du coton

on

▶ J'entends [ɔ̃].

bouton

▶ Je n'entends pas [ɔ̃].

paon

Je déchiffre.

1 Des syllabes.

m	on	→	mon		l	on	→	lon	tron
t	on	→	ton		.ss.	on	→	.sson	fron
p	on	→	pon		ç	on	→	çon	blon

2 Des mots.

mon	coton	pont	long	poisson	tronc
monte	bouton	ponton	ballon	moisson	citron
remonter	glouton	poupon	melon	leçon	front
démonter	mouton	répondre	boulon	glaçon	blonde

4 Ce que j'ai appris.

Je dois savoir écrire.

sur / par / pour / tu / du / plus / on / son / mon

Je connais les sons et les lettres qui font les sons.

[y] → **u** → tort**u**e

[d] → **d** → mar**d**i

[b] → **b** → **b**ateau

[ə] → **e** → r**e**pas

[ɔ̃] → **on** → cot**on**

Je complète ma collection de [o].

J'entends [o] → je vois **eau** : cad**eau** – b**eau**

Je reconnais des lettres muettes.

tortu**e** repa**s** peti**t**

Je commence à remplacer les mots des phrases.

Mamie tricote un pull.

Ma grand-mère tricote un pull.

Elle tricote un pull.

Papi tricote un pull.

Mon grand-père tricote un pull.

Il tricote un pull.

Le mouton broute dans le pré.

Le mouton **noir** broute dans le pré.

Il broute dans le pré.

La brebis broute dans le pré.

La **belle** brebis broute dans le pré.

Elle broute dans le pré.

Période 3

5

Pour bien redémarrer

Les fourmis

5

Je lis ce texte.

La fourmi

La fourmi est toute petite...

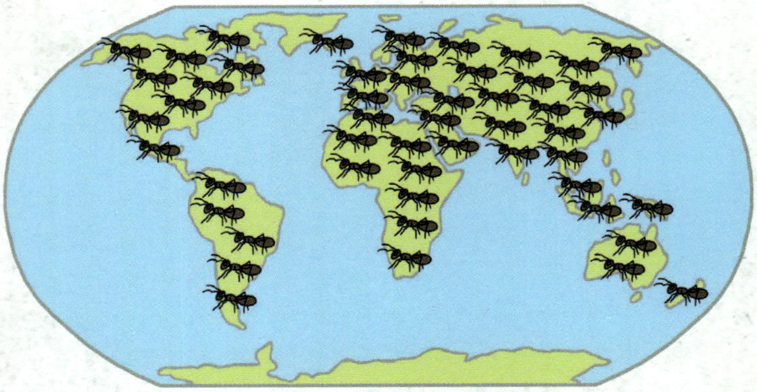

Il y a des fourmis presque partout dans le monde !

...mais il y en a un très grand nombre !

Les fourmis vivent en très grand groupe. Elles forment une colonie.

Une fourmilière

La plupart des colonies de fourmis bâtissent des fourmilières qui ressemblent un peu à des montagnes.

Des larves de fourmi

Ensemble, les fourmis cherchent à manger.
Elles élèvent des larves.

Je recherche.

Qu'est-ce qu'une larve de fourmi ?
À ton avis, pourquoi les fourmis vivent-elles en colonie ?

La fourmi, toute petite…

…mais très forte !

Une fourmi peut tirer ou pousser un poids environ soixante fois plus lourd qu'elle.

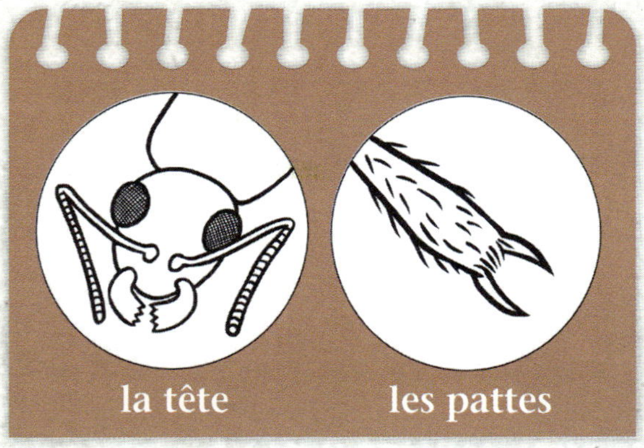

Je recherche.

Fais la liste de ce que tu pourrais pousser si tu étais aussi fort qu'une fourmi.

J'entends et je repère.

1 La syllabe [no].

2 Les sons dans la syllabe.

3 J'écoute la comptine.

4 La place du [n].

Je vois.

N n

N n

un **n**id

▶ J'entends [n].

canard

▶ Je n'entends pas [n].

dans / monde / ensemble

Je déchiffre.

1 Des syllabes.

n a → **na**

n ou → **nou**

n o → **no**

n om → **nom**

nor

noir

2 Des mots.

narine	nous	note	nom	nord
nappe	nourrir	noter	nombre	énorme
ananas	nourriture	piano	dénombrer	manoir
navire			prénom	patinoire

5 Je m'entraine à lire.

1 J'ai découvert de nouveaux mots.

presque	un nombre	soixante	elles cherchent
ensemble	une montagne		elles élèvent
environ	une vache		tu poussais
peu	une fourmilière		il peut
	la tête		manger

2 Je lis de nouvelles phrases.

1. Les fourmis sont toutes petites mais elles sont aussi très fortes.
2. Les fourmis bâtissent des fourmilières qui sont comme des petites montagnes.

3 Je lis un nouveau texte.

Mercredi, à la bibliothèque, Noémie a trouvé un livre sur les vaches. Jeudi, elle l'a apporté à l'école. Ensemble, les élèves ont regardé les photos du livre. Sur une des photos, une vache a d'énormes cornes.

Sur une autre photo, une vache nourrit son veau. À la fin du livre, il y a la photo d'un troupeau d'environ soixante vaches.

J'observe la langue.

Dans le pré, la vache regarde le renard.

Dans le pré, la vache regarde **la** renard**e**.

J'entends et je repère.

1 La syllabe [lɛ].

2 Les sons dans la syllabe.

3 J'écoute la comptine.

4 La place du [ɛ].

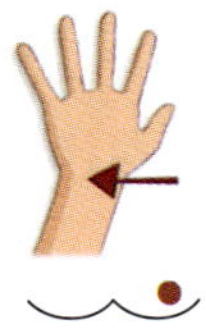

Je vois.

ai	jamais
ai	

è	*è*	très
e..	*e..*	elle

▶ J'entends [ɛ].

laine / pelle

▶ Je n'entends pas [ɛ].

maintenant / renard

Je déchiffre.

1 Des syllabes.

m ai → mai

l ai → lai

b e.. → be..

m è → mè

prè

frè

2 Des mots.

mais	lait	belle	mère	près
jamais	laiterie	poubelle	mètre	après
maitre	laine	mirabelle		frère

Je lis des textes poétiques.

Les Fourmis

Chacune d'elles ressemble au chiffre 3.
Et il y en a ! il y en a !
Il y en a 3 3 3 3 3 3 3 3 3 3 3... jusqu'à l'infini.

Jules Renard, *Histoires naturelles*

▶ **Quels mots disent que les fourmis sont très nombreuses ?**

(...)
Fourmi fourmi
mini minuscule (...)

Jacques Roubaud
Les animaux de tout le monde,
Seghers Jeunesse

Par une journée d'hiver, l'écureuil écrivit une lettre à la fourmi :
Bien chère fourmi
chère fourmi fourmi fourmi fourmi
chère fourmi fourmi fourmi
bien chère fourmi
chère fourmi fourmi fourmi
bien chère fourmi
bien chère fourmi
chère fourmi
L'écureuil.

Toon Tellegen, *Lettres de l'écureuil à la fourmi,*
Albin Michel Jeunesse, 2000

J'aime la force,
et de la force que j'aime,
une fourmi peut
en montrer autant
qu'un éléphant.

Stendhal, *Rome, Naples et Florence*

▶ **De quels animaux parle cette phrase ? À ton avis, qui est le plus fort des deux ?**

▶ **Qu'écrit l'écureuil à la fourmi ? Que penses-tu de la lettre de l'écureuil ?**

J'entends et je repère.

1 La syllabe [ʃa].

2 Les sons dans la syllabe.

3 J'écoute la comptine.

4 La place du [ʃ].

Je vois.

ch
ch

un **ch**eval

Je déchiffre.

1 Des syllabes.

ch e → **che**
ch a → **cha**

ch o → **cho**
ch on → **chon**

char
choir

2 Des mots.

cheval	chat	choc	cochon	écharpe
riche	chaton	chocolat	bouchon	charcuterie
ruche	château	chaud	torchon	mouchoir
roche	échapper	chaussure	polochon	séchoir

5 Je m'entraine à lire.

1 J'ai découvert de nouveaux mots.

autant	un éléphant	une journée
jusqu'à	l'écureuil	l'hiver
chacune	l'infini	une lettre
chère	le chiffre	

2 Je lis de nouvelles phrases.

1. Une fourmi monte sur le dos d'un éléphant.
2. Toute la journée, l'écureuil cache sa nourriture pour l'hiver.
3. Écris-tu des chiffres ou des lettres ?

3 Je lis un nouveau texte.

Mimi, mimi, minuscule, la fourmi recule :
Un pas en avant, trois pas en arrière.

Vive, vive, vive, la souris va vite,
Elle dévale le sentier, elle grimpe sur la barrière.

Gros, gros, gros, l'éléphant fait le gros dos.
Il a peur de la souris, il a peur de la fourmi.

Gris, gris, gris, l'écureuil s'amuse,
Du haut de son grand arbre,

Il voit tous ses amis :
Le gros éléphant, la petite fourmi,
la vive souris.

J'observe la langue.

le chat – la chatte

un éléphant – une éléphante

le marchand – la marchande

un petit garçon – une petite fille

J'entends et je repère.

1 La syllabe [pã].

2 Les sons dans la syllabe.

3 J'écoute la comptine.

4 La place du [ã].

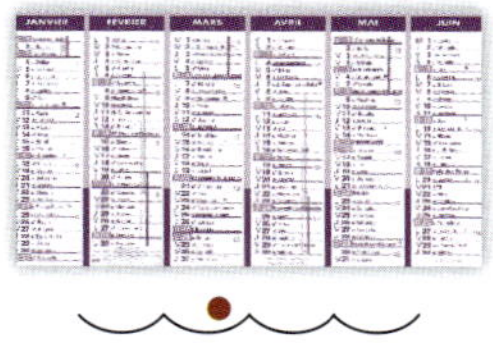

Je vois.

an		un p**an**da
an		
en	*en*	un **en**fant
em	*em*	ens**em**ble

▶ J'entends [ã].
b**an**c / v**en**t

▶ Je n'entends pas [ã].
b<u>an</u>ane / elles viv<u>ent</u>

Je déchiffre.

1 Des syllabes.

m an → **man**

v en → **ven**

s em → **sem**

trem / phan / blan

2 Des mots.

maman	vent	semble	trembler	éléphant
dimanche	vendredi	ressemble	tremper	blanc
amande	aventure			blanche

5 Ce que j'ai appris.

Je dois savoir écrire.

loup / trop / ne pas / et / grand / quand

Je connais les sons et les lettres qui font les sons.

[n] → n → animal

[ɛ] → ai → mais
[ɛ] → e.. → elle
[ɛ] → è → mère

[ʃ] → ch → chiffre

[ã] → an → autant
[ã] → en → j'entends
[ã] → em → je trempe

Je complète mes collections.

J'entends [ɛ] → Je vois ê : tête / forêt

J'entends [ɔ̃] → Je vois om : nombre

Je reconnais des lettres muettes.

hiver haut

Je reconnais le féminin et le masculin dans la phrase.

Le renard a une belle fourrure.

La renarde a une belle fourrure.

Je compare des mots masculins et féminins.
Je repère les lettres muettes.

le marchand – la marchande

un petit garçon – une petite fille

Période 3

6

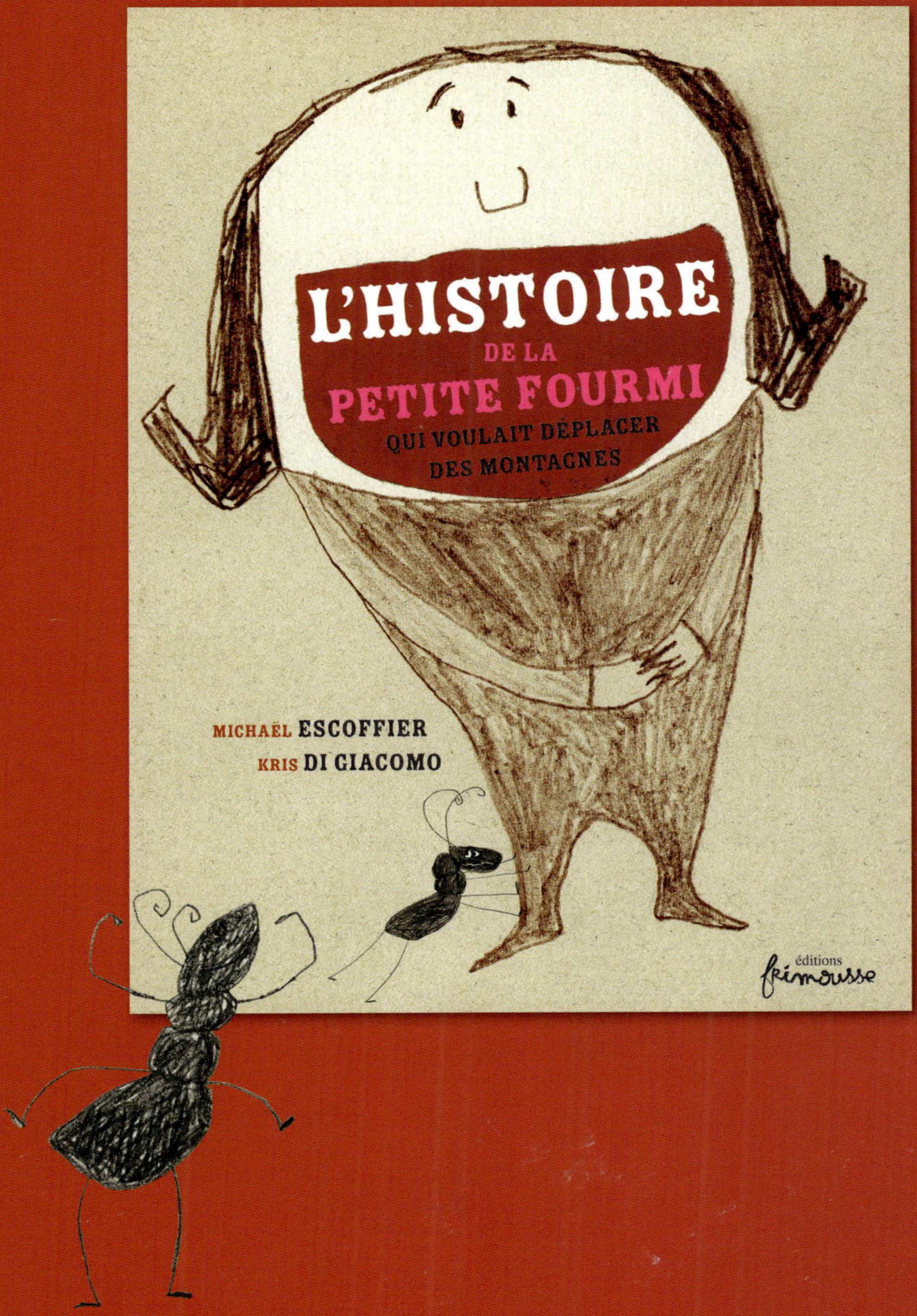
L'HISTOIRE
DE LA
PETITE FOURMI
QUI VOULAIT DÉPLACER
DES MONTAGNES
MICHAËL ESCOFFIER
KRIS DI GIACOMO
éditions frimousse

6

Je lis ce texte.

Extrait de *L'histoire de la petite fourmi qui voulait déplacer des montagnes* (1)

Maman, tu me racontes une histoire ? [...]

Alors voilà... C'est l'histoire d'une petite fourmi qui voulait déplacer des montagnes...

Encore ! Tu me racontes TOUJOURS des histoires de fourmis !

C'est normal. Tu ne veux tout de même pas que je te raconte des histoires de DRAGONS !

Oh oui super ! Une histoire de dragon !

S'il te plait, maman, s'il te plait ! S'il te plait !

Alors voilà, c'est l'histoire d'un gentil dragon qui crachait de l'eau...

Oh non, c'est nul !
Les dragons sont pas gentils. Ils sont très très méchants.
Et puis d'abord ils crachent du feu, pas de l'eau...

Je recherche.

Quelle histoire préfère la petite fille ?

Débat

À ton avis, pourquoi préfère-t-elle cette histoire ?

J'entends et je repère.

1 La syllabe [ʒy].

2 Les sons dans la syllabe.

3 27 J'écoute la comptine.

4 La place du [ʒ].

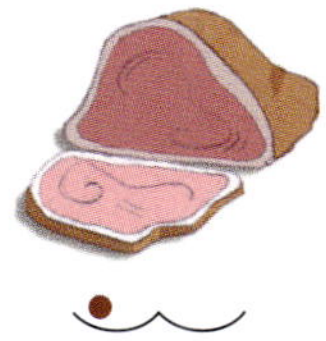

Je vois.

J j
J j
un **j**our

G g
G g
rou**g**e

▶ J'entends [ʒ].
journal / bou**g**ie

▶ Je n'entends pas [ʒ].
ba**g**ue / **g**ris

Je déchiffre.

1 Des syllabes.

g e → **ge**　　g i → **gi**

j u → **ju**

jour / geon

2 Des mots.

orange	jupe	girafe	journée	pigeon
genou	juste	gigantesque	journal	plongeon

6 Je m'entraine à lire.

1 J'ai découvert de nouveaux mots.

toujours oui puis	du feu	gentil

2 Je lis de nouvelles phrases.

1. La petite fourmi veut toujours déplacer des montagnes.
2. La maman raconte une histoire de dragons à sa fille qui est contente.
3. Le gentil dragon crache du feu puis de l'eau.

3 Je lis un nouveau texte.

« De quelle couleur est la forêt ? » demande Eugénie à ses amis les animaux.
« Jaune comme le pistil des boutons d'or », dit la fourmi.
« Verte comme les plantes qui voltigent », ajoute la girafe.
« Orange comme le renard géant qui nous épie », dit le gentil pigeon.
« Rouge comme tes jolies joues quand elles nous disent avec joie : "je vous aime". »

▶ **Trouve le nom des animaux du texte qui ne sont pas dessinés.**

J'observe la langue.

Eugénie a un petit pigeon.	Eugénie a une petite souris.
Eugénie a un pigeon gris.	Eugénie a une souris grise.
Eugénie a un petit pigeon gris.	Eugénie a une petite souris grise.

J'entends et je repère.

1 La syllabe [tœʀ].

2 Les sons dans la syllabe.

3 28 J'écoute la comptine.

4 La place du [œ] ou du [ø].

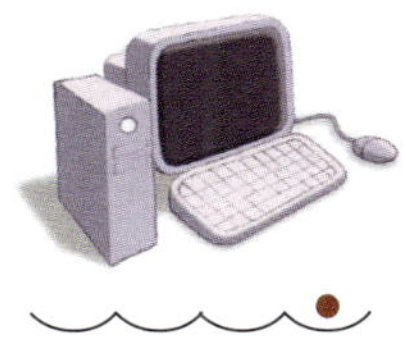

Je vois.

eu *eu*	œu *œu*
du f**eu** / l**eu**r	un **œu**f / des **œu**fs

▶ J'entends [œ].

docteur / peur

▶ Je n'entends pas [œ].

Il a **eu**

Je déchiffre.

1 Des syllabes.

v eu → veu

j eu → jeu

l eu r → leur

t eu r → teur

sœur / cœur

2 Des mots.

neveu	jeu	leur	tracteur	sœur
cheveu	jeudi	douleur	aspirateur	cœur

6

Je lis ce texte.

Extrait de *L'histoire de la petite fourmi qui voulait déplacer des montagnes* (2)

La maman commence l'histoire du dragon qui va chez un docteur.
La petite fille s'écrie tout à coup :

Et il crache du feu sur le docteur ! [...]

Le docteur court à la rivière
pour éteindre le feu.
Ensuite, il rentre chez lui,
le petit dragon s'excuse...

Non maman, le docteur peut pas rentrer chez lui tout de suite, c'est impossible ! [...]

Et pourquoi donc ?

Parce que dans la rivière, il y a un crocodile qui lui mord les fesses.

Un crocodile ?

Oui, un gros crocodile tout vert avec de grandes dents.

Je recherche.

Que raconte l'histoire de la maman ? Que raconte l'histoire de la petite fille ?

Débat

Que penses-tu de l'histoire de la maman ? Que penses-tu de l'histoire de la petite fille ?

J'entends et je repère.

1 La syllabe [zo].

2 Les sons dans la syllabe.

3 29 J'écoute la comptine.

4 La place du [z].

Je vois.

Z z

Z z

douze

.S. .s.

rose

▶ J'entends [z].

bisou / zèbre

▶ Je n'entends pas [z].

sirop / nez / chez

Je déchiffre.

1 Des syllabes.

z o → zo	.s. i → .si		doise
z é → zé	.s. é → .sé		zar

2 Des mots.

Zoé	zéro	cuisiner	rusé	ardoise
zoo	zébu	visiter	apprivoisé	bizarre

6 Je m'entraine à lire.

1 J'ai découvert de nouveaux mots.

chez ensuite lui	la suite	impossible	éteindre il s'excuse

2 Je lis de nouvelles phrases.

1. Un crocodile qui va chez le docteur : c'est impossible.
2. Tout à coup, j'ai vu une fourmi qui tentait d'éteindre un grand feu !
3. Un dragon s'excuse parce qu'il a mis le feu chez le docteur.

3 Je lis un nouveau texte.

Ma voisine Zoé apprivoise des animaux. Chez elle, il y a une gigantesque girafe, un pigeon rusé, un joli zébu. Quand je visite sa cuisine, je crois être dans un petit zoo. Zoé s'amuse toujours avec ses amis les animaux. Elle peut les caresser et leur parler : ils ne se mettent jamais en colère.

Je l'envie bien souvent. Moi aussi, j'aimerais avoir un petit zoo dans mon jardin. Dans ce zoo, j'aurais surement : une girafe, un lion, un tigre et des petits singes. Ils seraient mes amis.

▶ **Dessine le petit zoo que tu aimerais avoir chez toi.**

J'observe la langue.

Ma mère a un joli vélo neuf.
Ma mère a un**e** joli**e** voiture neu**ve**.

Mon père a un petit vélo bleu.
Mon père a un**e** petit**e** voiture bleu**e**.

J'entends et je repère.

1 La syllabe [pɛ̃].

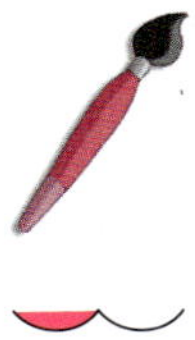

2 Les sons dans la syllabe.

3 J'écoute la comptine. (30)

4 La place du [ɛ̃].

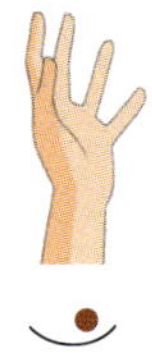

Je vois.

in *in* un matin

ein *ein* éteindre

ain *ain* une main

► J'entends [ɛ̃].

lapin / pain / ceinture

► Je n'entends pas [ɛ̃].

minuscule / farine / semaine

Je déchiffre.

1 Des syllabes.

p	in	→	pin
t	in	→	tin
m	ain	→	main
p	ein	→	pein

plein
crain

2 Des mots.

lapin
sapin

patin
pantin

demain
maintenant

peinture
peindre

plein
craindre

6

Je lis ce texte.

Extrait de *L'histoire de la petite fourmi qui voulait déplacer des montagnes* (3)

La petite fille continue l'histoire : le docteur a pris une défense à un mammouth. Le mammouth s'énerve et envoie le docteur dans un arbre.

Mais là, [...] il tombe pile sur un nid de ptérodactyles.
Et les ptérodactyles, en général, ils aiment bien être tranquilles.
Du coup, ils attrapent le docteur dans leurs griffes
et ils l'emmènent tout en haut d'une grande montagne.
Et c'est seulement maintenant que le docteur peut rentrer chez lui.

Et tu sais pourquoi maman ?
Parce que là, il y a une petite fourmi qui arrive et qui déplace la montagne.
Maman ?

Je recherche.

Finalement, qui raconte une histoire ?
Comment finit cette histoire ?

Débat

Que penses-tu de la fin de cette histoire ?

J'entends et je repère.

1 La syllabe [ɲɔ̃].

2 Les sons dans la syllabe.

3 31 J'écoute la comptine.

4 La place du [ɲ].

Je vois.

gn

gn

une montag**gn**e

Je déchiffre.

1 Des syllabes.

gn e → **gne**   gn er → **gner**

gn on → **gnon**

gnar / gnal

gnoire

2 Des mots.

signe	trognon	gagner	poignard
vigne	chignon	signer	montagnard
montagne		baigner	signal
cygne		accompagner	baignoire

6 Je m'entraine à lire.

1 J'ai découvert de nouveaux mots.

seulement	un mammouth	tranquille	ils aiment
maintenant	un ptérodactyle		ils l'attrapent
leur	des griffes		elles l'emmènent
chez			

2 Je lis de nouvelles phrases.

1. Les mammouths aiment manger les plantes des grands arbres.
2. Le docteur se repose seulement quand il rentre chez lui.
3. Un mammouth n'a pas de griffes, il a de grandes défenses.

3 Je lis un nouveau texte.

Les enfants sont allés au zoo. Ils ont vu des hippopotames, des girafes et des éléphants. Ils ont vu comment les animaux vivent et jouent avec leurs bébés. Ils ont aussi appris comment les animaux se nourrissent : soit ils attrapent des proies avec leurs griffes, soit ils coupent ou arrachent des plantes avec leurs grandes dents. Les enfants ont été très impressionnés par la force des grands animaux. Ils ont aussi été émus de les voir s'occuper de leurs bébés.

▶ **Trouve la phrase qui va avec l'image.**

J'observe la langue.

Le grand lion marche dans la savane. Il est beau.

L**a** grand**e** lion**ne** marche dans la savane. **Elle** est b**elle**.

J'entends et je repère.

1 La syllabe [pj].

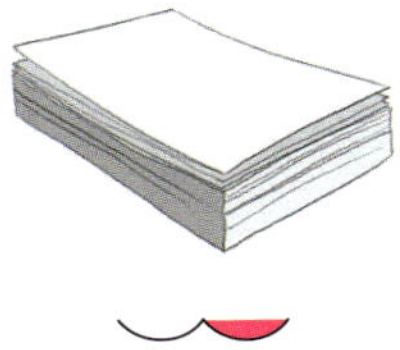

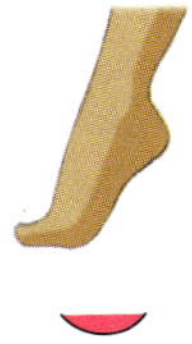

2 J'écoute la comptine. (32)

3 La place du [j].

Je vois.

i *i* un camion

y *y* un crayon, un yaourt

▶ **J'entends [j].**
rivière / voyage

▶ **Je n'entends pas [j].**
virage / stylo

Je déchiffre.

1 Des syllabes.

n ier	→ **nier**	y er	→ **yer**
y eu	→ **yeu**	p ier	→ **pier**

cière

2 Des mots.

jardinier	yeux	essayer	papier	sorcière
dernier	joyeux	nettoyer	pompier	policière
marronnier	soyeux	balayer	pied	souricière
prisonnier		aboyer		

6

Je lis ce texte.

Extrait de *Deux plumes et un voyage*

C'est l'histoire d'un petit garçon pauvre qui veut parcourir le vaste monde pour faire fortune en peignant des tableaux.

Une nuit, pendant son sommeil, il rêva d'un pays lointain où une princesse l'attendait. Elle voulait qu'il réalise son portrait. Quand il se mit à la peindre, il ne trouva plus une seule couleur dans sa boîte de peinture. On le chassa. Comment un peintre osait oublier ses couleurs ! Il eut beau protester et crier son innocence, personne ne l'écoutait.

Tout en sueur, il se réveilla. « Ce n'était qu'un mauvais rêve », pensa-t-il. Mais par précaution, il vérifia sa boîte de peinture. Alors il découvrit qu'elle était vide. Il se mit à crier, à pleurer. Il était perdu… Son seul espoir, pour réussir sa vie et ne pas mourir de faim, venait de s'effondrer. […]

Deux plumes et un voyage, Marie-Noëlle Japy-Fahed et Yasmine Taan, éditions Kédémos, 2005

Débat

À ton avis, que va faire le peintre maintenant qu'il n'a plus de couleurs dans sa boite de peinture ?

J'entends et je repère.

1 La syllabe [taj].

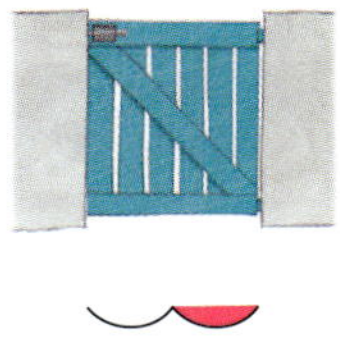

2 33 J'écoute la comptine.

3 La place du [j].

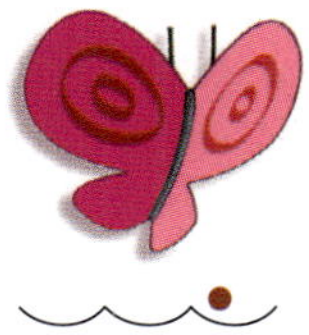

Je vois.

.ll. .ll. une fille

.ill. .ill. un caillou

.il .il un travail

▶ J'entends [j].

bille / soleil

▶ Je n'entends pas [j].

mille / ville / fil

Je déchiffre.

1 Des mots

fille	papillon	soleil	travail	nouille
quille	tourbillon	sommeil	travailler	grenouille
jonquille	bouillon	sommeiller	portail	citrouille
coquille	postillon	meilleur	éventail	trouille
famille		réveil	tailler	trouillard
chenille		réveiller		rouille

6 Ce que j'ai appris.

Je dois savoir écrire.

avec / rouge / orange / neuf / deux / jeudi / vendredi / mardi / lundi / fille / garçon / maman

Je connais les sons et les lettres qui font les sons.

Son	Lettres	Exemple
[ʒ]	**j**	**j**ouet
	g	auber**g**ine
[ø]	**eu**	j**eu**
[œ]	**eu**	doct**eu**r
	œu	**œu**f
[z]	**z**	on**z**e
	.s.	ro**s**e
[ɛ̃]	**in**	mat**in**
	ain	m**ain**
	ein	c**ein**ture
[ɲ]	**gn**	a**gn**eau
[j]	**i**	pan**i**er
	y	**y**eux
	.ll.	bi**ll**e
[j]	**.il**	sole**il**
	.ill.	ca**ill**ou

Je complète mes collections.

J'entends [ɛ̃] → je vois **im** : **im**possible

J'entends [e] → je vois **ez** : ch**ez**

J'entends [s] → je vois **t** : précau**t**ion

Je reconnais le féminin et le masculin dans la phrase.

Roméo est un joli petit garçon.

Marie est un**e** joli**e** petit**e** **fille**.

Un ours musclé soulève un tronc d'arbre. Il est fort.

Un**e** ours**e** muscl**ée** soulève un tronc d'arbre. **Elle** est fort**e**.

Période 4

7

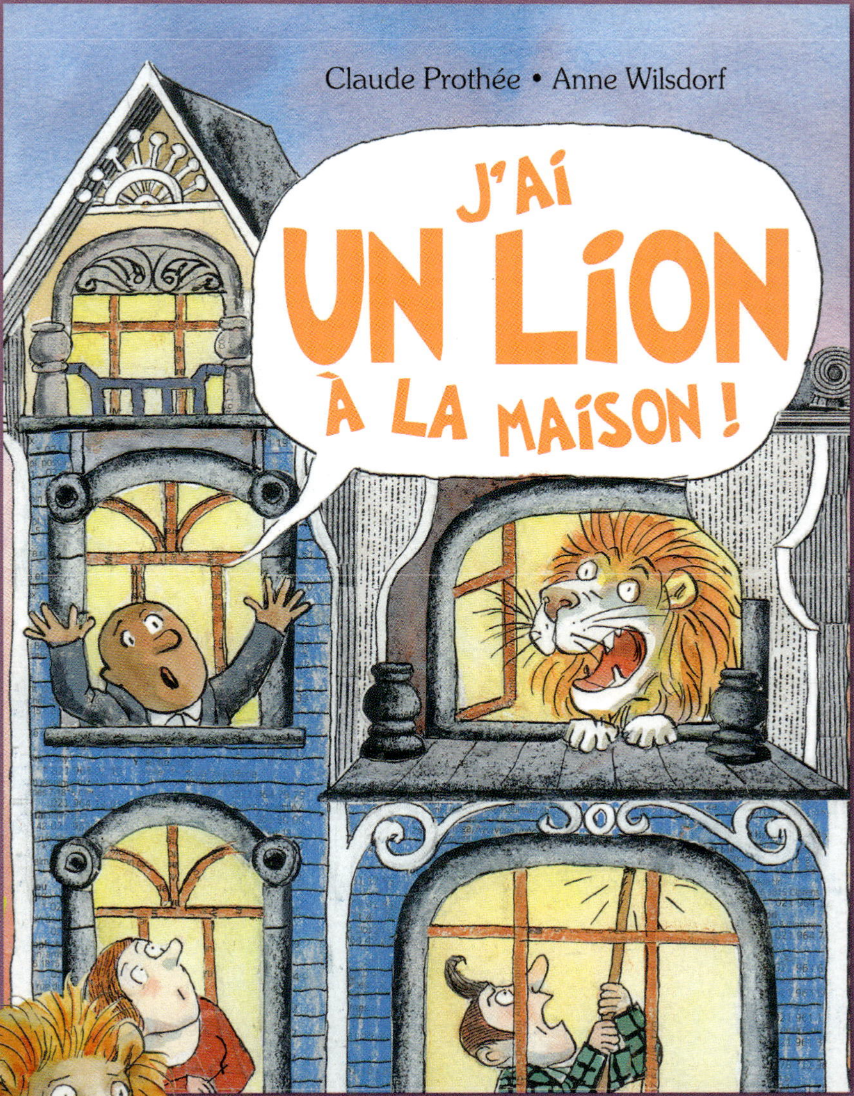

7

Je lis ce texte.

Le lion

Le lion, on le sait, de viande est friand.
Rien n'est pour lui plus alléchant.
Demandez donc au roi des animaux,
Quel est pour lui le plus tendre morceau.
Ce n'est pas le gigot d'agneau,
La bavette, le bœuf marengo.
Ce n'est pas le petit cochon,
Ni le ragoût de mouton.
Mais peut-être voudra-t-il d'une grosse poule
bien dodue ?
Non vraiment, non merci. Que veut-il, le têtu ?
« Lion, je suis ton ami : es-tu en appétit,
Et d'un excellent steak ne serais-tu ravi ?
Un pâté en croûte ou un lièvre à la bière,
Te feraient-ils enfin sortir de ta tanière ? »
Avec un fin sourire il hocha la tête,
Et s'approchant de moi tout bas il déclara :
« Le plus tendre morceau n'est rien de tout cela.
Ne te creuse plus la tête : mon déjeuner,
c'est TOI ! »

Roald Dahl, illustré par Quentin Blake, traduit par Jenny Ladoix,
Sales bêtes, Éditions Gallimard, coll. « Folio Cadet »

Je comprends l'attitude du personnage.

Je recherche.

Recherche dans le texte le nom des animaux
et des plats qui sont reproduits dans les images.

Je relis la fin du texte et je recherche.

Que veut manger le lion à la fin du repas ?
Recherche la phrase qui te permet de répondre.

Débat

À ton avis, pourquoi le lion
fait-il cette réponse ?

Écriture

Fais la liste des animaux que le lion
pourrait avoir envie de manger.

7 Je m'entraine à lire.

1 Je lis de nouvelles phrases.

1. Le lion ne veut pas manger de bœuf marengo, ni de bavette, ni de pâté en croûte.
2. Le lion ne veut pas non plus d'une grosse poule bien dodue ou d'un lièvre à la bière.
3. Le lion préfère un morceau bien tendre pour son déjeuner.

2 Je lis une courte scène de théâtre.

MADAME – Docteur, c'est pour mon petit garçon. Depuis ce matin, tout le temps il tombe.

LE MÉDECIN – C'est étrange, cela... Quel âge a-t-il ?

MADAME – Quatre ans et demi.

LE MÉDECIN – On tient sur ses jambes, à cet âge-là ! Mettez-le par terre.

La mère obéit. L'enfant tombe.

LE MÉDECIN – Encore une fois.

L'enfant tombe.

LE MÉDECIN – C'est de la paralysie.

MADAME – De la para... ! Ah ! Dieu !

Elle lève les bras au ciel. L'enfant tombe.

LE MÉDECIN – Hélas ! Oui, madame. Ah, ça, mais... Je le crois bien. Il ne peut tenir sur ses pieds... Vous lui avez mis les deux jambes dans la même jambe du pantalon !

D'après G. Courteline, *Le petit malade*

J'observe la langue.

Le lion a une crinière.	Il a une crinière.
L**es** lion**s** **ont** une crinière.	Il**s** **ont** une crinière.

Apprenons à compter les syllabes !

Grand a un **d** qui ne s'entend pas, mais **Grande** a un **d** qui s'entend. **Petit** a un **t** qui ne s'entend pas, mais **Petite** a un **t** qui s'entend.
Et pourquoi donc ? À cause du **e** bien sur !

Je reconnais les syllabes.

à l'oral	petit	petite	éléphant	éléphante
à l'écrit	*petit*	*petite*	*éléphant*	*éléphante*

Je vois, j'entends.

d [d] frian**de**
t [t] cour**te**
n [n] u**ne**

Je vois, je n'entends pas.

d [d] frian<u>d</u>
t [t] cour<u>t</u>
n [n] un

J'observe.

une gazelle gourman**de**	→	**un** lion gourman<u>d</u>
une poule alléchan**te**	→	**un** gigot alléchan<u>t</u>
une marchan**de**	→	**un** marchan<u>d</u>
une clien**te**	→	**un** clien<u>t</u>

Je lis.

1 Je lis sans hésiter.

1. un gros lion → une grosse poule
2. un bon steak → une bonne viande
3. un excellent repas → une excellente tarte
4. un vilain sourire → une vilaine grimace

7 J'observe une illustration.

Je recherche.

Décris le visage du personnage.

Débat

À ton avis, que ressent-il ? Pourquoi ?

Je lis ce texte.

Extrait de *J'ai un lion à la maison* (1)

J'étais sorti un instant pour récupérer mon courrier dans la boite aux lettres et, quand je suis revenu, il était là, dans le salon.

– Alors, m'a-t-il dit, les nouvelles sont bonnes ? [...]

– Mais... ? Que faites-vous là ?

– Tu le vois, Julien (Julien c'est mon prénom), je suis assis près de la table...

Puis il a repris : – ... table hélas bien dégarnie, car je ne te cache pas que j'ai une faim de ...

– ... de loup ? ai-je ajouté.

– Non, une faim de lion !

Débat

À ton avis, qui est entré dans la maison de Julien ?
Comment le sais-tu ? En es-tu sûr ?

7 Je m'entraine à lire.

1 Je lis de nouvelles phrases.

1. Julien va chercher son courrier dans la boite aux lettres.
2. Quand Julien entre dans son salon, il découvre quelqu'un assis à sa table qui dit : « J'ai une faim de lion ! »

2 Je lis une lettre et je devine de qui on parle.

Bonjour Karine,

Si tu savais ce qu'il m'arrive ! Hier, au parc, j'ai fait une drôle de rencontre. Une dame était assise sur un banc, elle lisait un vieux livre très abimé. J'ai vu qu'il était illustré. Il y avait un crapaud, une marmite, un bocal avec un gros bouchon.
Sur le bocal, j'ai pu lire le mot : « danger ».
A côté d'elle, il y avait un objet assez long et fin.
Maman m'a appelée et j'ai tourné la tête pour lui répondre.
C'est alors que je ne sais pas comment, mais d'un seul coup, cette dame avait disparu.
Penses-tu que c'est.... ?
Réponds-moi vite,
Julie.

▶ **À ton avis, qui est le personnage décrit par Julie ?**
Comment le sais-tu ?

J'observe la langue.

La sorcière a un livre de magie.
L**es** sorcière**s** **ont** un livre de magie.

Elle a un livre de magie.
Elle**s** **ont** un livre de magie.

Avec la lettre A.

Je prends le **au** de l'**auto** de Toto,
Je lui enlève son **u**, je lui donne un **n**.
Je le garde un **an**.
Puis j'ajoute un **g** et un **e** : c'est un p'tit **ange**.
Si je mets un chapeau sur son **a** et lui ôte son **g**
alors : c'est un **âne**.

Je me rappelle.

	un **a**mi	une b**an**de / une ch**am**bre	un **au**tre
	a	**an** (a+n) / **am** (a+m)	**au** (a+u)
	[a]	[ã]	[o] ou [ɔ]

J'observe.

a → un animal / une table / madame / un tapis / une carte
an / am → quand / dans / avant / un clan / une lampe / il campe
au → aussi / au / des animaux / les autres / jaune

Je lis.

1 Je lis des phrases.

1. L'éléphant est un animal plus grand et plus gros que le crapaud.
2. Elle perd sa chaussure et manque son bus.
3. Aujourd'hui, des voleurs ont cambriolé le magasin de bijoux.

2 Je lis sans hésiter.

cependant / grand / sans / un sultan / une chambre / manger
une chaussure / une aubergine / une année / des vacances
aussitôt / aujourd'hui / elles dansent

7 

Je lis ce texte.

Extrait de *J'ai un lion à la maison* (2)

Julien rentre chez lui et trouve un lion qui s'appelle Sultan dans son salon.

Le lion et moi, on s'est vite bien entendus. Il y avait une chambre d'amis dans la maison, et Sultan s'y est installé.

[...]

Celle qui a été un peu étonnée au début, c'est madame Plumeau, la femme de ménage. [...] Mais, comme Sultan se comportait en parfait lion au foyer, madame Plumeau y trouva vite son compte : Sultan faisait la vaisselle et il passait l'aspirateur sur les tapis. [...] Cependant, quand le soleil rougeoyait à l'horizon, Sultan se souvenait de sa lointaine savane. Le soir venu, il ne pouvait s'empêcher de pousser quelques rugissements.

Je recherche.

Trouve tout ce que fait le lion.

Débat

À ton avis, pourquoi le lion pousse-t-il des rugissements le soir ?

Je lis ce texte.

Extrait de *J'ai un lion à la maison* (3)

Le soir, à la tombée de la nuit, Sultan pousse des rugissements à la fenêtre.

Ces bruits bizarres inquiétaient fort madame Le Greffier, ma voisine. J'ai dû lui expliquer, en faisant semblant de tousser, que c'était moi qui avais un chat dans la gorge.

– Un gros chat alors, m'a répondu madame Le Greffier. Vous devriez consulter un médecin.

Je recherche.

Relis la dernière phrase du texte. Qui parle avec Julien ?

Écriture

Écris ce que les deux personnages se disent.

7 Je m'entraine à lire.

1 Je lis de nouvelles phrases.

1. Sultan se comporte comme un lion au foyer parce qu'il passe l'aspirateur et fait la vaisselle.
2. Le coucher du soleil rappelle à Sultan sa lointaine savane.

2 Je lis et je comprends des expressions.

1. **Avoir un chat dans la gorge :** être enroué, être gêné pour parler ou chanter.
2. **Avoir une faim de loup :** avoir très faim et si faim qu'on mangerait tout ce que l'on trouve.
3. **Se battre comme un lion :** se battre avec férocité et courage.

▶ **Trouve la phrase qui va avec l'image.**

3 Je lis et je trouve un sens aux expressions suivantes :

- Détaler comme un lièvre.
- Tourner comme un lion en cage.
- Être moche comme un pou.
- Être rusé comme un renard.
- Être fort comme un tigre.

J'observe la langue.

L'enfant est dans la cour.
Les enfants sont dans la cour.

Il est dans la cour.
Ils sont dans la cour.

Avec la lettre A.

Un **balai** sans son **ba** qui prend un **d** est bien **laid**.
Un **train** qui voyage avec un **e** est très lourd, il se **traine**.
J'ai **faim**, je remplace le **f** par un **p** et le **m** par un **n**
et je mange du **pain**.

Je me rappelle.

	une maison	un cop**ain** / la f**aim**
	ai (a+i)	**ain** (a+i+n) / **aim** (a+i+m)
	[ɛ]	[ɛ̃]

J'observe.

ai → mais / parfait / la vaisselle / le lait / laid / laide / l'air
ain → une main / demain / le train / du pain / la crainte
aim → la faim / un daim

Je lis.

1 Je lis des phrases.

1. J'aime chanter des airs mais je sais aussi me taire.
2. Quand il avait faim, il mangeait des tranches de pain.
3. C'est vrai, nous irons en train à Cambrai.
4. Le poulain craint le froid et le mauvais temps.

2 Je lis sans hésiter.

soudain / j'étais / un commissaire / une faim de loup / mais
maintenant / un bain / prochain / prochaine / mauvais
mauvaise / il aime / la laine / lointain / lointaine / craindre

7

Je lis ce texte.

Extrait de *J'ai un lion à la maison* (4)

Un jour, les frères Filoux, qui sont de célèbres brigands, ont tenté de cambrioler ma maison. Moi, j'étais au bureau, mais Sultan les a entendus. Il est sorti brusquement de sa chambre, et un seul rugissement a suffi pour que les trois brigands, terrorisés, courent se réfugier au commissariat du quartier.

Quand je suis rentré chez moi, le commissaire en personne m'a félicité : – Vous vous êtes défendu comme un lion.

[…] La nouvelle de mon exploit s'est répandue dans la ville. On me regardait maintenant avec admiration, mais aussi avec un peu de crainte.

Je recherche.

Qui a chassé les voleurs ? Comment le sais-tu ?

Débat

À ton avis, le commissaire sait-il qui a chassé les voleurs ?

J'observe une illustration.

Je recherche.

Où est Julien ? Que fait-il ?

Écriture

Imagine ce que se disent les personnages de l'illustration.

7 Je m'entraine à lire.

1 Je lis de nouvelles phrases.

1. Pendant que Julien était au bureau, des brigands sont entrés chez lui.
2. Le commissaire félicite Julien : « Vous vous êtes défendu comme un lion. »
3. « J'ai entendu un énorme rugissement. » déclare le brigand.

2 Je lis un article de journal.

UNE ÉTRANGE AVENTURE

Lundi dernier, les célèbres frères Filoux, des voleurs bien connus des services de police, ont voulu cambrioler la maison de M. Julien. À peine entrés dans la maison, ils se sont sauvés à toute vitesse et ont couru au commissariat. Ils prétendent avoir entendu le rugissement d'un lion. Le commissaire affirme que M. Julien est capable de rugir comme un lion, donc que c'est lui qui les a mis en fuite. Mme Le Greffier, sa voisine que nous avons interrogée, dit aussi que M. Julien est capable de rugir. Parfois, le soir, elle l'entend. Étrange affaire !

J'observe la langue.

La sorcière est sur le banc.

Les sorcières sont sur le banc.

Elle est sur le banc.

Elles sont sur le banc.

Avec la lettre O.

Enlève le **u** de **mou**, ajoute-lui un **t** : il devient **mot**.
Et puis place bien le **n** et tu fais un **mont** !
Et maintenant prends un **pou** et recommence…

Je me rappelle.

📖	un r**o**b**o**t	la n**ou**velle	un drag**on** / un p**om**pier
👁	**o**	**ou** (o+u)	**on** (o+n) / **om** (o+m)
👂	[o] ou [ɔ]	[u]	[ɔ̃]

J'observe.

o → un vélo / une moto / un pot / un crocodile / une école
ou → une poule / le cou / un loup / un ours / le courrier
on/om → un garçon / un melon / le charbon / une ombre

Je lis.

1 Je lis des phrases.

1. Dans les contes, les dragons gardent un trésor.
2. Un jour, j'aurai une moto et je roulerai jusqu'à Toulouse.
3. Mon oncle m'offre un blouson marron pour mes douze ans.
4. On voit souvent des ponts au-dessus des autoroutes.

2 Je lis sans hésiter.

aussitôt / un tome / partout / il trouve / une montagne
l'horizon / mon / elles sont / un bouchon / un cochon
un torchon / le mouton / un morceau / le front / gourmand
onze / douze

7

Je lis ce texte.

Extrait de *J'ai un lion à la maison* (5)

Mais un soir, en rentrant du bureau, j'ai trouvé madame Plumeau en pleurs.

– Je l'avais prédit ! a-t-elle dit en me tendant la lettre que Sultan avait laissée avant de partir.

Désolé, Julien,
Mais je rentre chez moi.
Ma savane me manque trop.
Merci pour tout, mon copain !
Je t'enverrai des cartes postales.
Sultan

[...]

C'est encore un secret, mais,
aux prochaines vacances,
je compte aller visiter sa savane. Il se peut donc qu'un beau matin, Sultan me trouve sur sa terrasse, installé dans son grand fauteuil à bascule.

– Alors Sultan, lui dirai-je malicieusement, les nouvelles sont bonnes ?

Je recherche.

Quelle question Julien voudrait-il poser au lion ?

Débat

La question posée par Julien est la même que celle que pose le lion au début de l'histoire. À ton avis, pourquoi Julien veut-il poser la même question que Sultan ?

Je compare deux illustrations.

Je recherche.

Observe les deux illustrations.
Qu'est-ce qui a changé
dans la maison de Julien ?

Débat

À ton avis, quelles sont
les raisons de tous
ces changements ?

7 Je m'entraine à lire.

1 Je lis de nouvelles phrases.

1. Madame Plumeau savait que Sultan repartirait dans sa savane, elle l'avait prédit.
2. Julien a un secret pour les prochaines vacances : aller visiter la savane et y retrouver Sultan.

2 Je lis une lettre.

Cher Sultan,

Comment vas-tu mon ami ? Tu dois être content d'avoir retrouvé ta savane ! Je te remercie pour tes cartes postales.

Grâce à toi, les nouvelles sont bonnes !

Depuis ta visite, tous les soirs, j'ouvre ma fenêtre et j'observe le coucher du soleil. Il m'arrive quelquefois de rugir, pas aussi fort que toi, évidemment ! Mais comme tout le monde me prend pour un lion, tu comprends, c'est important.

Madame Plumeau me parle chaque jour de toi.

Elle m'a prédit que tu serais bientôt de retour.

J'espère de tout cœur qu'elle a raison.

Je t'embrasse.

Ton ami Julien.

▶ **Pourquoi Julien trouve-t-il qu'il est important de continuer à rugir ?**

J'observe la langue.

Elle fait un gâteau pour Julien.
Elle**s** **font** un gâteau pour Julien.

Il fait un gâteau pour Julien.
Il**s** **font** un gâteau pour Julien.

Avec la lettre O.

J'attrape un **loir**, je lui ôte son **l**.
Je le fais tourner : c'est un **roi** !
Attention, sans son **r** le **loir** veut faire la **loi**,
Alors je lui colle un **n** et il part bien **loin**.

Je me rappelle.

	le **soir**	**loin**
	oi (o+i)	**oin** (o+i+n)
	[wa]	[wɛ̃]

J'observe.

oi → un roi / moi / toi / trois / une fois / il voit
oin → loin / moins / un coin / un point

Je lis.

1 Je lis des phrases.

1. On peut apercevoir dans le lointain une montagne et un manoir.
2. Le cochon soigne son groin qu'il a coincé dans une boite.
3. Ce soir, je te raconterai l'histoire d'un roi et de ses trois filles.
4. Est-ce toi qui as trempé ton doigt dans la confiture de coing ?

2 Je lis sans hésiter.

une boite / toi / un toit / trois / les doigts / il doit / voici
voilà / la voilure / un poids / moins / au moins / une voix
la proie / elle croit / le besoin

7 Ce que j'ai appris.

Je dois savoir écrire.

voir / avoir / pouvoir / au / quatre / mais / comme / vous / nous

Je sais découper des syllabes à l'écrit.

petit   petite

Je complète mes collections.

J'entends [k] ⟶ je vois k : Karine

J'entends [s] ⟶ je vois sc : une scène

J'entends [ã] ⟶ je vois am : un cambrioleur

J'entends [ɛ̃] ⟶ je vois aim : la faim

J'entends [ɛ] ⟶ je vois ei : la peine

Je sais remplacer les mots et faire des changements.

Julien a un lion à la maison.	Il a un lion à la maison.
Les garçons ont un lion à la maison.	Ils ont un lion à la maison.
Une dame est à la maison.	Elle est à la maison.
Des dames sont à la maison.	Elles sont à la maison.
Le lion fait du bruit.	Il fait du bruit.
Les lions font du bruit.	Ils font du bruit.
La lionne fait des petits.	Elle fait des petits.
Les lionnes font des petits.	Elles font des petits.

Période 4

8

8 

J'observe la famille de Loupi.

Je recherche.

À ton avis, qui sont les personnages ?

Débat

Que penses-tu de Loupi ? Que penses-tu de sa famille ?

Je lis ce texte.

Extrait de *Un loup au paradis* (1)

Loupi était né loup, de la grande famille des loups […]. Avec longue queue, oreilles pointues et dents plein la bouche.

Dans son monde, les blancs étaient d'un côté, les noirs de l'autre. D'un côté, les loups, de l'autre, les moutons. Oui, mais voilà, une chose clochait : Loupi n'avait pas l'instinct loup. Du tout. Pire encore ! il passait ses journées à observer les moutons, non pour repérer l'un d'entre eux, ou boiteux ou malingre, pour le croquer, mais parce qu'il aimait les observer pour le seul plaisir… de les observer. Broutant en paix, jouant à saute-mouton, faisant leur sieste à l'heure de la digestion, blottis les uns contre les autres. Loupi rêvait de cette vie paisible, très éloignée de celle d'un loup.

Je recherche.

Que fait Loupi ?

Débat

À ton avis, que veut dire la phrase « Loupi n'avait pas l'instinct loup. » ?

8 Je m'entraine à lire.

1 Je lis de nouvelles phrases.

1. Loupi observe les moutons non pas pour les manger ni pour repérer les moutons boiteux mais parce qu'il aime les regarder.
2. Loupi prend plaisir à observer les moutons qui jouent à saute-mouton, broutent l'herbe, font la sieste.

2 Je lis un texte documentaire.

Le mouton fait partie de la famille des ovins. La femelle s'appelle la brebis ; le mâle, le bélier ; le petit, l'agneau.
Le mouton est un animal domestique. L'homme l'élève pour produire de la laine, du cuir avec sa peau, des fromages avec le lait de la brebis, et de la viande.
Le mouton est élevé en troupeau dans une bergerie ou en plein air dans des pâtures. Là, il broute de l'herbe. Il bêle.
On dit que c'est un animal herbivore parce qu'il se nourrit d'herbe.

▶ **À l'aide des images et du texte, explique à quoi sert l'élevage du mouton.**

J'observe la langue.

Le mouton joue dans le pré.
Les moutons jouent dans le pré.

Il joue dans le pré.
Ils jouent dans le pré.

Avec la lettre I.

Un **cousin** et un **voisin** qui attrapent un **e** se mettent au féminin et deviennent une **cousine** et une **voisine**.
Mais **le machin** n'est pas le mari de la **machine**.
Et le **requin** ? Il ne prend jamais de **e** et n'a pas de féminin.

Je me rappelle.

	un mat**in**	un t**im**bre	une cuis**ine**
	in (i+n)	**im** (i+m)	**ine** (i+n+e)
	[ɛ̃]		[in]

J'observe.

in ➜ un destin / un sapin / le jardin / fin
im ➜ imposer / timbrer
ine ➜ une voisine / une usine / des cousines / fine

un jardin ➜ je jardine
un chemin ➜ il chemine

un voisin ➜ une voisine
un cousin ➜ une cousine

Je lis.

1 Je lis des phrases.

1. Les marins dinent de tartines beurrées et d'oursins.
2. Ce matin, mon cousin et ma cousine m'aident à jardiner.

2 Je lis sans hésiter.

impossible / impensable / imbattable / malingre / un singe
un linge / un poussin / une narine / la marine / un marin
cinq / elle dine / fine / un câlin / il câline / insister

8

Je lis ce texte.

Extrait de *Un loup au paradis* (2)

Dans le clan des loups régnaient la méchanceté, la violence, la compétition. On se querellait à tout bout de champ [...]. Et donc, un jour, Loupi décida de changer ce qui devait être son destin. Il choisit de choisir son camp.

Chaque jour, le jeune loup faisait un pas vers un monde meilleur… provoquant irrémédiablement les mêmes scènes de panique !

Loupi insistait. Tant et si bien que les herbivores, voyant qu'il n'était pas méchant, finirent par l'accepter parmi eux.

Ce jour-là, Loupi se crut au paradis.

Je recherche.

Quels sont les deux camps dans cette histoire ?
Dans quel camp Loupi veut-il vivre ?

Débat

À ton avis, pourquoi Loupi veut-il changer de camp ?

J'observe des illustrations.

Je recherche.

Trouve la phrase du texte qui correspond à l'illustration.

Je recherche.

Trouve les phrases du texte qui peuvent correspondre à l'illustration.

Débat

Imagine deux suites différentes pour cette histoire.

8 Je m'entraine à lire.

1 Je lis de nouvelles phrases.

1. Loupi choisit son camp : il quitte le clan des loups où règnent la violence et la méchanceté.
2. Finalement, les moutons comprennent que Loupi n'est pas méchant et l'acceptent dans leur camp.

2 Je lis un nouveau texte.

L'ogre et la fée

Un brave ogre des bois était fort amoureux d'une fée.
L'ogre se présenta au palais de la fée. La fée avait un fils.
Ce jour-là, elle était sortie. Le bel enfant jouait au cerceau.
On le laissa tout seul avec l'ogre.
Comment passer le temps quand il neige, en décembre
et quand on n'a personne avec qui dire un mot ?
L'ogre se mit alors à croquer le marmot.
Quand la dame rentra, plus d'enfant.
La fée regarda l'ogre avec sa bouche énorme :
« As-tu vu mon bel enfant ? » cria-t-elle.
Le bon ogre naïf lui dit : « Je l'ai mangé. »

D'après Victor Hugo

▶ **À ton avis, que veut dire naïf ?**

J'observe la langue.

La fée regarde l'ogre.	Elle regarde l'ogre.
L**es** fée**s** regarde**nt** l'ogre.	Elle**s** regarde**nt** l'ogre.

Avec les lettres I et Y.

Un **violon** perd son **i** et se met à crier en ajoutant un **s** : « **volons !** »
Un **fil** enfile un **l** et un **e**, et se transforme en **fille**.
Le **balai** échange son **i** contre un **y** pour mieux **balayer**…

Je me rappelle.

	un lion	un crayon	une famille
	i	**y**	**i+ll**
	[j]		[ij]

J'observe.

i [j] la viande / un violon / un cahier / un avion
y [j] un foyer / essayer / les yeux
ill [ij] une bille / une fille / une chenille

Attention
une ville / un village / mille

Je lis.

1 Je lis des phrases.

1. Ma fille s'ennuyait en ville, alors elle s'est mise à voyager.
2. Les chenilles deviennent de jolis papillons.
3. Les billes roulent mille fois plus vite que les quilles.

2 Je lis sans hésiter.

un crayon / crayonner / un cahier / des voyelles / vieux
joyeux / joyeusement / fier / fièrement / un billet / briller
un bélier / le dernier / le premier / ils criaient / janvier
le sien / le mien / vieux / en voyant

8

Je lis ce texte.

Extrait de *Un loup au paradis* (3)

Mais le miracle ne dura qu'un temps. Même si la plupart des moutons étaient flattés par le choix de Loupi, certains acceptaient mal sa présence et commencèrent à lui demander des comptes :

« Et comment comptes-tu te nourrir, toi, le carnivore ? dit soudain un bélier très encorné. Crois-tu qu'on te laissera planter tes dents dans nos jarrets [...] ?

– Il y a d'autres nourritures que je peux avaler, répond Loupi, quelques volailles, par exemple, me contenteront.

– Tu as choisi d'être avec nous,
alors tu dois vivre comme nous.
Mange cette herbe ! »

Je recherche.

Que demandent les moutons au loup pour qu'il puisse vivre avec eux ? Est-ce un problème pour le loup ?

Débat

Que penses-tu de la réaction du bélier ?

J'observe des images.

Écriture

Choisis une image. Raconte ce que font les moutons et ce que pense le loup.

8 Je m'entraine à lire.

1 Je lis de nouvelles phrases.

1. Certains moutons sont flattés parce que Loupi a choisi leur camp et non pas le camp des loups.
2. Le bélier encorné demande à Loupi : « Comment comptes-tu te nourrir ? »
3. Loupi peut manger quelques volailles comme des poules ou des dindes.

2 Je lis un nouveau texte.

LE RETOUR DU LOUP :
renforcer la protection des troupeaux

Devant les attaques répétées du loup contre leurs bêtes, des éleveurs demandent des aides supplémentaires.

« On n'est pas contre le loup, déclare un éleveur du Vercors, mais c'est difficile de faire de l'élevage avec un animal prédateur comme le loup. On doit surveiller nos bêtes sans relâche. Même les béliers sont attaqués. Il nous faut plus de patous et de bergers dans chaque troupeau. »

Il y a plus de cinquante ans, les loups avaient disparu du territoire français. Mais il y a trente ans, deux loups ont à nouveau été aperçus en France, plus précisément dans les Alpes.

Aujourd'hui, les loups sont présents dans huit départements.

Un patou guidant le troupeau.

J'observe la langue.

Sur le mur, une petite poule picore. Elle picore **sur le mur**.

Sur le mur, d**es** petite**s** poule**s** picore**nt**. Elle**s** picore**nt** **sur le mur**.

Avec les lettres il / ille.

Une **grenouille** enlève son **gre** et devient une **nouille**,
une **citrouille** abandonne son **ci** parce qu'elle a la **trouille**,
un **orteil** privé de son **l** inverse son **i** et son **e** et devient une **ortie**…

Je me rappelle.

	un trav**ail** la vol**aille**	un faut**euil** une f**euille**	le somm**eil** une bout**eille**	le fen**ouil** la r**ouille**
	ail / aille **(a+il / ille)**	**euil / euille** **(eu+il / ille)**	**eil / eille** **(e+il / ille)**	**ouil / ouille** **(ou+il / ille)**
	[aj]	[œj]	[ɛj]	[uj]

J'observe.

ail/aille → un portail / un épouvantail / un éventail / une paille
euil/euille → un écureuil / un fauteuil / la feuille
eil/eille → le soleil / le réveil / une abeille / meilleur
ouil/ouille → une grenouille / la rouille / mouiller / le fenouil

un travail → travailler / un réveil → se réveiller

Je lis.

1 Je lis des phrases.

1. Taille ton crayon et écris sur ta feuille de brouillon.
2. Faites bouillir le fenouil avec une feuille de laurier.

2 Je lis sans hésiter.

une volaille / une bataille / ailleurs / les oreilles / meilleur
un conseil / le sommeil / mouiller / un rail / fouiller

8

Je lis ce texte.

Extrait de *Un loup au paradis* (4)

Les moutons imposent à Loupi de vivre comme eux.

Avec les moutons, désormais, il devait bêler. Si bien qu'à force, […], il n'était plus loup. Du tout. Or, à quelques temps de là, un vieux loup affamé attaqua le troupeau. […]

Le bélier chef du troupeau avait beau essayer de faire front, il n'empêchait en rien le massacre. Le matin, on comptait les disparus.

Alors, le bélier se rappela que, dans ses rangs, il comptait un loup. Il le convoqua sur le champ.

« Loupi, lui dit-il, tu es grand et fort, chasse ce loup qui chaque nuit vient égorger une de nos brebis. »

Loupi, soudain, se mit à trembler.

Loupi, soudain, bêla aussi fort qu'il put.

Je recherche.

Que veut le bélier maintenant ?
Que fait le loup ?

Débat

Que penses-tu de la réaction du loup ?

J'observe des illustrations.

Je recherche.

Que demande le bélier au loup ?

Débat

À ton avis, que pense le loup à ce moment de l'histoire ?

Écriture

Écris ce que pense le loup à ce moment de l'histoire.

8 Je m'entraine à lire.

1 Je lis de nouvelles phrases.

1. Désormais, Loupi doit vivre comme un mouton, il doit bêler et manger de l'herbe.
2. Le chef bélier convoque Loupi pour lui demander de défendre le troupeau contre un loup qui, chaque nuit, égorge des brebis.

2 Je lis le résumé de l'histoire.

« Chacun a sa petite idée du paradis sur terre.
Pour Loupi, c'était vivre comme un mouton… »
Des jours durant, il observait les moutons, puis il décida de faire le premier pas. Loupi prit la décision de quitter le camp des loups et de vivre avec les moutons. Au début, les moutons étaient effrayés par la présence de Loupi, puis ils finirent par l'accepter. Mais ils lui imposèrent de vivre comme eux. Le loup devait donc bêler et manger de l'herbe.
Une nuit, un loup égorgea des brebis. Pour faire face à ce massacre, le bélier demanda à Loupi de défendre le troupeau. Loupi se mit alors à trembler et à bêler de toutes ses forces.

J'observe la langue.

Dans la nuit, un loup affamé hurle. Il réveille les autres animaux.
Dans la nuit, **des** loup**s** affamé**s** hurle**nt**. Il**s** réveille**nt** les autres animaux.

Avec la lettre s.

Nouvelle recette de sorcière

Prenez un **poisson**.
Enlevez un **s**.
Découvrez du **poison**.

Je me rappelle.

	un sapin	une danse	une brosse	une chose
(œil)	s	s	ss	s
(oreille)		[s]		[z]

J'observe.

- (œil) s ou ss (oreille) [s] une histoire / un bus / pousser
- (œil) s (oreille) [z] une rose / une cuisine / croiser
- (œil) s (oreille barrée) [s]/[z] je lis / un tapis / un radis / des branches

Je lis.

1 Je lis des phrases.

1. La demoiselle assise dans le bus semble triste.
2. Maman veut mettre ses roses dans le vase, mais je l'ai cassé.
3. La sirène heureuse embrasse la grenouille.
4. Papa se rase tous les jours car sa barbe pousse sans cesse.

2 Je lis sans hésiter.

sinon / surtout / ensuite / soudain / samedi / une danse
danser / une cerise / un cerisier / une course / observer
penser / passer / laisser / un poisson / un poison
il creuse / il sait / un steak / une sieste / le plaisir / paisible

8 Ce que j'ai appris.

Je dois savoir écrire.

cinq / ville / mille / rien / bien / le sien

Je me rappelle.

(j'entends)	(je vois)	
[j]	i →	v**i**ande
[j]	y →	cra**y**on
[ij]	→ ill →	b**ill**e
[j]	→ il →	trava**il**, sole**il**, écureu**il**, fenou**il**
[j]	→ ill →	pa**ill**e, boute**ill**e, feu**ill**e, grenou**ill**e

(j'entends)	(je vois)	
[s]	s →	**s**ouris, dan**s**er
[s]	ss →	cla**ss**e
[z]	→ s →	mai**s**on

Je ne confonds pas.

un voisin [ɛ̃] / une voisine [in]   un poisson [s] / un poison [z]

mille [il] / une famille [ij]

Je reconnais le singulier et le pluriel dans les phrases.

Le loup noir se cache dans le pré. Il observe une proie.

Le**s** loup**s** noir**s** se cache**nt** dans le pré. Il**s** observe**nt** une proie.

La poule noire marche sur le mur. Elle picore du grain.

L**es** poule**s** noire**s** marche**nt** sur le mur. Elle**s** picore**nt** du grain.

Période 5

9

Hänsel et Gretel
Gigi Bigot • Ulises Wensell
D'après le conte de Jakob et Wilhelm Grimm

9

Je lis ce texte.

Extrait de *Hänsel et Gretel* (1)

Il était une fois deux enfants.
Le plus grand s'appelait Hänsel.
La plus petite s'appelait Gretel.
Leur mère était morte, et leur père s'était remarié. Mais sa nouvelle femme était une marâtre. Ils habitaient dans une petite maison, au bord d'une grande forêt.
La famille était souvent sans le sou.
Un jour, il n'est plus resté qu'un morceau de pain. [...]
– Comment allons-nous faire ? se disait le père.
La marâtre s'est écriée :
– Demain, on n'a qu'à perdre les enfants dans la forêt.
– Quoi ! Perdre ses enfants ? Pas question ! [...]
– Tu préfères les voir mourir sous nos yeux ?
Alors, le père a baissé la tête et il n'a plus rien dit. Mais, de son lit, Hänsel avait tout entendu.
Il a murmuré à sa sœur :
– Ne t'en fais pas, Gretel,
tu vas voir ce que tu vas voir !

Je recherche.

Qui sont les personnages ?

Débat

À ton avis, pourquoi Hänsel dit-il : « Ne t'en fais pas, Gretel, tu vas voir ce que tu vas voir ! » ?

J'observe une illustration.

Je recherche.

Trouve les phrases du texte qui correspondent à l'illustration.

Débat

À ton avis, pourquoi le père ne répond-il pas à sa femme quand elle lui dit : « Tu préfères les voir mourir sous nos yeux ? » ?

9 Je m'entraine à lire.

1 Je lis une définition.

marâtre [maʀatʀ] **n.f.** : 1. Belle-mère qui maltraite les enfants de son mari.
2. Mère mauvaise et méchante.

2 Je lis de nouveaux textes.

Les marâtres dans les contes de fées

Blanche-Neige

Un an après la mort de sa première femme, le roi, père de Blanche-Neige, épousa une seconde femme très belle. Orgueilleuse, celle-ci interrogeait toujours son miroir pour savoir qui était la plus belle du royaume. Un jour, le miroir lui répondit que c'était Blanche-Neige. Jalouse de la beauté de sa belle-fille, la marâtre demanda alors à un chasseur de la tuer et de lui rapporter son foie et ses poumons.

Cendrillon

Après la mort de sa première femme, le père de Cendrillon épousa une femme hautaine qui avait déjà deux filles, tout aussi détestables. Ne supportant pas la douceur et la gentillesse de sa belle-fille, la marâtre traita Cendrillon comme une esclave. Elle lui refusa également le droit d'aller au grand bal donné par le fils du roi.

J'observe la langue.

En ce moment, j'ai peur de la marâtre.
Hier, j'avais **déjà** peur de la marâtre.
Demain, j'aurai **encore** peur de la marâtre.

Avec la lettre C.

J'aime les mots qui claquent et qui croquent
comme **canard**, **coq**, **cube**, **crocodile**, **craie**, **crabe**...
Mais je n'aime pas les mots qui sifflent tout seuls
et tout **doucement** comme **citron**, **cerise**
ou **cerceau** !

Je me rappelle.

(livre)	une **c**abane	du **c**oton	un **c**ube	**c**ela	mer**c**i
(œil)	**ca** (c+a)	**co** (c+o)	**cu** (c+u)	**ce** (c+e)	**ci** (c+i)
(oreille)	[k]			[s]	

J'observe.

(œil) c (oreille) [k] une couleur / la colle / une cane / une cuve

(œil) c (oreille) [s] ceci / cette / une glace / une racine / Cendrillon

Je lis.

1 Je lis des phrases.

1. J'ai attrapé des limaces collantes avec un copain d'école.
2. Il compte toujours ses cartes avant de jouer.
3. Cette glace au citron et à la cerise est délicieuse.
4. Dans un ciel noir comme la couleur du cirage, des éclairs claquent.

2 Je lis sans hésiter.

cependant / un conte / célèbre / un cube / un rhinocéros
féroce / des vacances / il cache / un morceau / une corde
la distance / ils sont félicités / un crocodile / celle-ci

9

Je lis ce texte.

Extrait de *Hänsel et Gretel* (2)

Le lendemain, la marâtre a réveillé tout le monde :
– Debout ! Votre père et moi devons couper du bois.
Elle a partagé le pain qui restait en disant :
– Gardez-le, vous le mangerez plus tard.
Et tous les quatre sont entrés dans la forêt.
Gretel tenait bien serré son morceau de pain.
Hänsel utilisait le sien pour faire un chemin de petites miettes. [...]
Arrivé en plein cœur de la forêt, le père a fait un grand feu. [...]
– Venez-vous réchauffer. Nous reviendrons vous chercher.
Toute la journée, Hänsel et Gretel ont entendu cogner
la hache sur les branches des arbres. [...]
Mais quand la nuit est tombée,
personne n'était venu les chercher. [...]
Quand Hänsel s'en est aperçu,
il a dit à sa sœur:
– Ne t'en fais pas, Gretel,
tu vas voir ce que
tu vas voir !

Je recherche.

Que fait Hänsel ?
Te fait-il penser à un autre personnage ?

Débat

À ton avis, pourquoi Hänsel dit-il : « Ne t'en fais pas, Gretel, tu vas voir ce que tu vas voir ! » ?

J'observe une illustration.

Le Petit Poucet, Gustave Doré

Je recherche.

Souviens-toi de l'histoire du Petit Poucet.
Que fait le Petit Poucet dans cette illustration ?

Débat

Imagine une autre manière de retrouver son chemin.

9 Je m'entraine à lire.

1 Je lis de nouvelles phrases.

1. Comme le Petit Poucet, Hänsel a trouvé une ruse : il jette des miettes pour retrouver son chemin.
2. Le père a fait cogner la hache sur le tronc de l'arbre.

2 Je lis un nouveau texte.

Tous les neuf ans, Minos, roi de Crète offrait sept filles et sept garçons venus d'Athènes au Minotaure, monstre enfermé dans un labyrinthe.
Personne ne s'était jamais échappé de ce labyrinthe.
Thésée, héros athénien, choisit de faire partie des victimes pour anéantir le Minotaure et libérer ainsi les siens de ce sacrifice.
Ariane, fille de Minos et amoureuse de Thésée, décida d'aider le héros dans son aventure.
Elle lui confia une pelote de fil que Thésée déroula dans tout le labyrinthe sans jamais la lâcher. Le héros finit par trouver le Minotaure endormi. Profitant du sommeil de ce monstre, Thésée le transperça de son épée. Ensuite, il réussit à sortir du labyrinthe en suivant le fil.

J'observe la langue.

Aujourd'hui, tu <u>as</u> une rencontre sportive.
Demain, tu <u>auras</u> **encore** une rencontre sportive.
Hier, tu <u>avais</u> **déjà** une rencontre sportive.

Avec la lettre G.

Nouveau secret de dragons

Ils aiment les mots qui **gonflent** : **grand**, **gros**, **gorille**
ou les mots **gourmands** qui se **goutent** : **gâteau**, **glace**, **légume**.
Mais ceux qui **giflent** la **girafe géante**, qui **gèlent** sous la **neige**,
ils les **rangent** en attendant l'**orage**.

Je me rappelle.

	re**g**arder	le **g**olf	la fi**g**ure	rou**g**e / du cira**g**e	ru**g**ir
	ga (g+a)	**go** (g+o)	**gu** (g+u)	**ge** (g+e)	**gi** (g+i)
	[g]			[ʒ]	

J'observe.

g [g] un garçon / du goudron / une gaufre / un légume

g [ʒ] un singe / manger / la magie / l'aubergine

Je lis.

1 Je lis des phrases.

1. Je suis trop gourmande, j'ai mangé tout le nougat.
2. Le grand dragon gronde et sort ses griffes géantes.
3. L'étrange rouge-gorge s'est posé sur la gouttière.

2 Je lis sans hésiter.

rugir / un rugissement / un gigot / le gout / gouter / partager
les brigands / ils gagnent / le gagnant / un refuge / un piège

9

Je lis ce texte.

Extrait de *Hänsel et Gretel* (3)

Les deux enfants ont cherché les miettes de pain sur le chemin. Mais les oiseaux avaient tout mangé.

Comment se retrouver dans cette immense forêt ? [...]

En plein milieu d'une prairie se tenait une maisonnette.

Hänsel et Gretel se sont approchés : les murs étaient en biscuit, les fenêtres en caramel, le toit en chocolat.

Tous les deux avaient tellement faim ! Hänsel a cassé un petit morceau de mur, Gretel a léché la fenêtre... Quand ils ont entendu une douce voix qui s'échappait de la maison :

– Grignoti, grignoton, est-elle bonne, ma maison ?

Tout contents, les enfants ont répondu :

– Grignoti, grignoton, c'est trop bon ! C'est trop bon ! [...]

– N'ayez pas peur, mes petits, leur a-t-elle dit. [...]

Malheur à eux ! La vieille était une sorcière. Avec sa maison en biscuit, elle attirait les enfants, elle les engraissait, puis elle les dévorait.

Je recherche.

Qui sont les personnages ?
Que fait la sorcière pour attirer les enfants ?

J'observe des illustrations.

Écriture

Écris deux phrases. Dans la première, tu expliques où est Hänsel et ce qu'il fait. Dans la seconde, tu expliques où est Gretel et ce qu'elle fait.

Je recherche.

Qui sont les personnages ?

Débat

À ton avis, que dit la vieille dame aux deux enfants ?

9 Je m'entraine à lire.

1 Je lis de nouvelles phrases.

1. Les enfants ont mangé une maison en biscuit et en chocolat.
2. La sorcière invente une ruse : elle se déguise en vieille dame pour ne pas faire peur aux enfants.

2 Je lis une autre version du conte.

Hänsel grimpa sur le toit et en arracha un petit morceau pour gouter. Grethel se mit à lécher les carreaux. On entendit alors une voix suave qui venait de la chambre :

– Langue, langue lèche !
Qui donc ma maison lèche ?

Les enfants répondirent :

– C'est le vent, c'est le vent. […]

La porte, tout à coup, s'ouvrit et une femme, vieille comme les pierres, s'appuyant sur une canne, sortit de la maison.

Hänsel et Grethel eurent si peur qu'ils laissèrent tomber tout ce qu'ils tenaient dans leurs mains. La vieille secoua la tête et dit :

– […] Entrez, venez chez moi ! Il ne vous sera fait aucun mal.

Extrait de Les frères Grimm, *Hänsel et Grethel*

▶ **Que penses-tu de la vieille dame ?**

J'observe la langue.

Hier, j'étais très impressionné devant les animaux du zoo.
Je suis devant les animaux du zoo et je suis très impressionné.
Demain, devant les animaux du zoo, je serai très impressionné.

Avec la lettre G.

Nous voulons garder notre **e** disent le **pigeon** et le **bourgeon**, sinon nous serons **bougons**.
Nous voulons garder notre **u** ajoutent la **vague**, la **bague** et la **guitare**, sinon nous **gèlerons**, **giclerons** ou **giflerons**.
Seul le **geai** qui perd son **e** devient **gai**.

Je me rappelle.

(livre)	un pi**ge**on	il man**ge**ait	une ba**gue**	un **gui**de
(œil)	**geon** (g+e+o+n)	**geai** (g+e+a+i)	**gue** (g+u+e)	**gui** (g+u+i)
(oreille)	[ʒ]		[g]	

J'observe.

(œil) g (oreille) [ʒ] un bourgeon / elle bougeait / nous mangeons

(œil) g (oreille) [g] longue / une guitare / une vague

une robe lon**gue** → **un** pantalon lon**g**

Je lis.

1 **Je lis des phrases.**

1. La longue nageoire du requin émergeait de l'eau.
2. Le garçon gratte sa guitare en gigotant.

2 **Je lis sans hésiter.**

la vague / voguer / naviguer / un pigeon / un pigeonnier
un bourgeon / bourgeonner / déguiser / il mangeait / grignoter

9

Je lis ce texte.

Extrait de *Hänsel et Gretel* (4)

Le lendemain, la sorcière a sorti Hänsel de son lit.
Et dans une cage, elle l'a enfermé. Puis elle a forcé Gretel à nourrir son frère. [...] Quand la vieille lui demandait de passer son doigt à travers les barreaux pour voir s'il était assez gros [...], Hänsel montrait à la place un os de poulet.
– Que tu es maigre ! disait la vieille, tout à fait myope.
Chaque soir, c'était la même histoire. Hänsel ne grossissait pas.
Un matin, la sorcière a décidé de le manger.
Elle a appelé Gretel :
– Allume le feu et enfourne le pain. [...]
– Je n'y arrive pas. La miche est trop lourde.
– Que tu es bête ! Donne-moi ça !
Gretel lui a mis le pain entre les mains. Le four était ouvert...
Vlan ! elle a poussé la sorcière dedans.
Elle a couru vers son frère :
– Tu vas voir ce que tu vas voir !
Elle a ouvert la porte de la cage.
Hänsel en a surgi.
Puis ils sont tombés dans l'herbe en riant :
– Maintenant, on va voir ce qu'on va voir !

Je recherche.

Que font Hänsel et Gretel ?

Débat

Pourquoi Hänsel et Gretel agissent-ils ainsi ?

J'observe des images.

1

2

3

4

Je recherche.

Retrouve à quelle ruse correspond chaque série d'images. Choisis une série d'images. Raconte la ruse en expliquant qui l'a faite et à quoi elle a servi.

9 Je m'entraine à lire.

1 Je lis de nouvelles phrases.

1. Hänsel a fait tâter un os à la place de son doigt pour tromper la sorcière.
2. Gretel a fait croire que le pain ne pouvait pas entrer dans le four.

2 Je lis un extrait d'un conte.

Le Chat botté discute avec l'ogre dans son château.

– On m'a assuré, dit le chat, que vous aviez le don de vous changer en toutes sortes d'animaux, que vous pouviez par exemple, vous transformer en lion, en éléphant ?

– Cela est vrai, répondit l'ogre brusquement, et pour vous le montrer, vous m'allez voir devenir lion. Le chat fut si effrayé de voir un lion devant lui, qu'il gagna aussitôt les gouttières [...].

– On m'a assuré encore, dit le chat, mais je ne saurais le croire, que vous aviez aussi le pouvoir de prendre la forme des plus petits animaux, par exemple, de vous changer en un rat, en une souris ; je vous avoue que je tiens cela tout à fait impossible.

– Impossible ? reprit l'ogre, vous allez voir.

Et en même temps, il se changea en une souris, qui se mit à courir sur le plancher. Le chat ne l'eut pas plus tôt aperçue qu'il se jeta dessus, et la mangea.

Extrait de Charles Perrault, *Le Chat botté*

J'observe la langue.

Aujourd'hui, tu es à l'école.

Demain, tu seras chez ta mamie.

Quand tu étais petit, tu étais à la crèche.

Avec la lettre E.

Il **rêve** qu'il attrape un **u** puis un **r**, quel **rêveur** !
Le **chat** botté met son chapeau sur le **a**, chausse un **e**, un **a**, un **u** et entre dans son **château**.

Je me rappelle.

(livre)	petit	jeudi	un troupeau
(œil)	**e**	**eu** (e+u)	**eau** (e+a+u)
(oreille)	[ə]	[œ] ou [ø]	[o]

J'observe.

e → un chemin / demain / le regard / au revoir
eu → un déjeuner / le feu / le docteur / deux
eau → un morceau / l'eau / un oiseau / un agneau

même → ê → [ɛ]
très → è → [ɛ]
désolé → é → [e]

Je lis.

1 Je lis des phrases.

1. Depuis ce matin, le chat joue sans relâche avec une pelote de fil.
2. Si tu veux, tu peux venir jeudi pour me tenir compagnie.

2 Je lis sans hésiter.

il peut / un peu / tu veux / un jeu / devant / depuis / demain
dessus / des barreaux / le malheur / la couleur / un lionceau

9

Je lis ce texte.

Extrait de *Hänsel et Gretel* (5)

Ils ont fouillé la maison. Dans le grenier, ils ont trouvé des malles pleines de bijoux, dans la cave, des coffres pleins de pièces d'or. Ils en ont rempli leurs poches. [...]
Ils ont marché pendant des heures...
et ils ont reconnu leur maison.
La porte était entrouverte. Leur père était assis sur une chaise, les yeux secs à force d'avoir pleuré. La marâtre était morte, et il pensait bien que ses enfants n'étaient plus vivants depuis longtemps. [...]
Hänsel et Gretel se sont jetés à son cou en criant :
– Ne t'en fais pas, papa,
tu vas voir ce que tu vas voir !
Ils ont ouvert les sacs de trésors, ils ont fait rouler les pièces d'or sur la table !
[...]
Voilà ! La vie a continué sans soucis...
et mon conte est fini.

Je recherche.

Comment se termine cette histoire ?

Débat

À ton avis, que veut dire la phrase : « La vie a continué sans soucis... » ?

Je comprends l'attitude des personnages.

Gretel

Hänsel

La sorcière

Le père

La marâtre

Débat

À ton avis, quels sont les personnages méchants de cette histoire ?
Explique pourquoi.
À ton avis, quel est le plus malin des personnages ?

Écriture

Écris un texte pour expliquer ton choix.

9 Je m'entraine à lire.

1 Je lis de nouvelles phrases.

À la fin de l'histoire, le père était très heureux de retrouver ses enfants.

2 Je lis deux extraits d'un conte.

1. *Pour pouvoir épouser la femme qu'il aime, un jeune homme doit voler trois plumes à un terrible dragon.*

Le jeune amoureux parvint au manoir du dragon. Il y entra, émerveillé par tant de splendeurs. C'était un château magnifique. Le maitre, le terrible maitre des lieux était sorti et le garçon fut reçu par l'épouse du dragon. C'était une femme douce et bonne, qui n'aurait fait de mal à personne. […]

2. *La femme de l'ogre cache le jeune homme sous le lit.*

Le seigneur du château revint tard dans la nuit, d'humeur féroce, plus terrible encore que d'habitude. Dès qu'il fut entré dans la chambre, il se mit à chercher partout et s'écria d'un air furieux :
« Je sens une odeur… […] »
« Oh non ! mentit sa femme d'un air charmeur, il n'y a personne ici. »
Le dragon se calma.

Extrait de Arnica Esterl, *Les plumes du dragon*, d'après un conte traditionnel, Albums Duculot, Casterman, 1994

J'observe la langue.

Aujourd'hui, elle <u>est</u> à l'école.
Demain, elle <u>sera</u> chez sa mamie.
Quand elle était petite, elle <u>était</u> à la crèche.

Avec la lettre E.

Quand il va trop vite, le **frein** met un **e** et **freine**.
Le **peintre** enlève son **i** et son **r** pour monter
la **pente** plus vite.

Je me rappelle.

	le vent	le temps	un peigne	la peinture
	en (e+n)	**em** (e+m)	**ei** (e+i)	**ein** (e+i+n)
	[ã]		[ɛ]	[ɛ̃]

J'observe.

en/em → la dent / gentil / comment / trembler / tremper
ei → seize / la neige / la peine / une reine
ein → peindre / éteindre / plein / un frein

une malle pleine → **un** coffre plein

Je lis.

1 Je lis des phrases.

1. Le peintre termine son tableau avec la couleur beige.
2. La neige est tombée le seize décembre en soirée.
3. N'éteins pas, je tente de retrouver mon peigne aux dents cassées.

2 Je lis sans hésiter.

une teinte / une empreinte / l'entente / ensuite / il rentre
souvent / pendant / elles rentrent / elles pensent / pleine

9 Ce que j'ai appris.

Je dois savoir écrire.

mercredi / samedi / parce que / dire / faire / être / elle / belle / très

Je me rappelle.

[k]	**c**	un **c**amion la **c**ulture une **c**ouleur
[g]	**g**	un **g**âteau un lé**g**ume **g**outer
	gu	une **gu**itare une ba**gue**

[s]	**c**	un **c**itron une **c**erise
[ʒ]	**g**	un ora**g**e une **g**irafe
	ge	un pi**ge**on il man**ge**ait

Je ne confonds pas.

plein [ɛ̃] / pleine [ɛ]

le vent [ɑ̃] / venir [ə]

Je commence à reconnaitre les mots du passé, du présent et du futur.

En ce moment, tu <u>es</u> à la piscine et tu <u>as</u> ton bonnet.

L'autre jour, tu <u>étais</u> **déjà** à la piscine et tu <u>avais</u> ton bonnet.

Demain, tu <u>seras</u> **encore** à la piscine et tu <u>auras</u> ton bonnet.

Période 5

10

LA REVANCHE DES AUBERGINES
DAVIDE CALI
ÉRIC HÉLIOT
éditions SARBACANE

10

Je lis ce texte.

Pour bien manger, mangeons des produits frais

**Les fruits et légumes sont bons pour la santé.
Lorsqu'ils sont frais, ils gardent toutes leurs vitamines.**

Les fromages, les poissons et les viandes sont aussi bons pour la santé.
Les poissons ne sont pas tous élevés ou pêchés à la même période, selon leur rythme de vie et de reproduction.
Les fromages ne sont pas tous fabriqués au même moment, leur durée de fabrication est plus ou moins longue.

Voici quelques aliments bons pour la santé :

Légumes

- artichaut
- aubergine
- brocoli
- carotte
- concombre
- courgette
- fenouil
- haricot vert
- poivron
- salade
- tomate

Fruits

- abricot
- brugnon
- cassis
- figue
- fraise
- framboise
- melon
- nectarine
- pêche
- pomme
- prune

Fromages
- abondance
- beaufort
- bleu
- camembert
- comté
- gruyère
- reblochon
- roquefort
- saint-nectaire.

Poissons
- anchois
- colin
- églefin
- lieu jaune
- rouget
- thon

Viande
- agneau
- bœuf
- poulet

Je recherche.

Pourquoi faut-il manger des produits frais ?
Parmi les fruits et les légumes, quels sont ceux que tu aimes manger ?
Quels sont ceux que tu n'aimes pas manger ?

Écriture

Qu'as-tu mangé hier soir ? Écris la liste des aliments.

10 Je m'entraine à lire.

1 Je lis de nouvelles phrases.

1. Pour être en bonne santé, il est préférable de manger des fruits et des légumes chaque jour.
2. Les poissons ne sont pas élevés ou pêchés tout au long de l'année.

2 Je lis une recette de cuisine.

RECETTE DE LA RATATOUILLE

- Pour faire une ratatouille pour quatre personnes, il faut trois grosses tomates, trois courgettes, un poivron, trois aubergines, deux oignons, de l'ail et de l'huile d'olive.
- Laver et éplucher tous les légumes et les couper en dés. Hacher l'ail et les oignons. Les faire revenir dans l'huile d'olive. Ajouter ensuite les légumes les uns après les autres dans l'ordre suivant : les aubergines, les courgettes, les poivrons et enfin les tomates. Mélanger bien et assaisonner selon le gout. Laisser mijoter une heure à feu doux.
- Servir accompagné de fines tranches de jambon cru, de poulet rôti ou d'œufs battus en omelette.

J'observe la langue.

Il faut manger des légumes pour être en forme.

Que faut-il manger pour être en forme ?

Tu as bien mangé ce matin.

As-tu bien mangé ce matin ?

Avec la lettre X.

Le **boxeur** prend un **taxi**.
L'**exercice** commence par un **exemple**.
Six et **dix** se promènent sans **deux**.
Et le **sixième**, qu'en faire ? Le mettre avec le **deuxième**.

Je me rappelle.

	le taxi	un exemple	six	sixième
	x	x	x	x
	[ks]	[gz]	[s]	[z]

J'observe.

x [ks] un texte / extraordinaire / un klaxon / fixer
x [gz] un exercice / un exemple / exister / exact
x [s] six / soixante / dix / soixante-dix
x [z] sixième / deuxième

Je lis.

1 Je lis des phrases.

1. Le sixième taxi a klaxonné quand il est passé.
2. Maxime a réussi son examen.
3. Pour réussir l'exercice, regarde bien l'exemple.

2 Je lis sans hésiter.

un exemple / une explication / expliquer / un exercice / un texte
c'est exact / exactement / dix / le dixième / la deuxième

10

Je lis ce texte.

Extrait de *La revanche des aubergines* (1)

C'est l'heure du dîner. À sa place, Tanguy boude.
Inutile de demander : « Qu'est-ce qu'on mange ? »
Il a déjà senti l'odeur… DES AUBERGINES !
– Je déteste les aubergines ! proteste Tanguy.
– Les enfants doivent manger des légumes, répond sa mère.
Ton père a mangé beaucoup d'aubergines quand il était petit et il est devenu fort et intelligent. Ton frère aussi, c'est pour ça qu'il est premier de sa classe.
Tanguy se moque d'être intelligent ou premier de sa classe.
– C'est dégoutant : j'en mangerai pas !
– Si tu ne manges pas tes aubergines, dit son père qui commence à s'énerver, c'est que tu n'as pas faim.
Dans ce cas, au lit et plus vite que ça !
Dans sa chambre, Tanguy rêve de s'enfuir.
« Ah, si seulement j'étais adopté par une famille américaine, comme à la télé, où on ne mange que des cheeseburgers et des frites ! »

Je recherche.

Quel est le problème de Tanguy ?

Débat

**À ton avis, pourquoi le père de Tanguy dit-il à son fils :
« C'est que tu n'as pas faim. » ?**

J'observe une illustration.

Je recherche.

À quelle phrase du texte correspond cette illustration ?

Débat

Que penses-tu du rêve de Tanguy ?

10 Je m'entraine à lire.

1 Je lis de nouvelles phrases.

1. Tanguy préfèrerait manger des frites et des cheeseburgers comme dans les familles américaines.
2. Tanguy ne voulant pas manger d'aubergines, son papa lui ordonne d'aller au lit.

2 Je lis l'extrait d'un autre album.

Moi, j'adore, maman déteste :
– qu'on grignote toute la journée entre les repas ;
– qu'on refuse de gouter un plat en faisant « beurk ! »

Extrait de Elisabeth Brami, Lionel Le Néouanic,
Moi j'adore, maman déteste, Le Seuil jeunesse

3 Je lis un nouveau texte écrit comme *Moi j'adore, maman déteste*.

Papa et maman adorent :
– qu'on se lave les mains avant de manger ;
– qu'on finisse son repas avant de quitter la table ;
– qu'on ne réclame pas de bonbons à la caisse du supermarché.

▶ **À partir de l'image, invente une suite au texte.**

J'observe la langue.

Maman demande à Julie et à Maxime : « Aimez-vous les aubergines ? »
Julie répond : « **Oui**, j'aime les aubergines. »
Maxime répond : « **Non**, je **n'**aime **pas** les aubergines. »

Avec la lettre T.

La **partie** commence par une **addition**, fais bien **attention** !
Tu prends une **potion** magique, tu ajoutes un **r** avant le **t**
et tu trouves une **portion** de cette **potion**.

Je me rappelle.

	il est par**ti**	la pa**tience**	une protec**tion**
	ti (t+i)	**tien** (t+i+e+n)	**tion** (t+i+o+n)
	[t]	[s]	

J'observe.

t [t] timide / un tiroir / une tartine / une tétine

t [s] une solution / une disparition / une portionnte

un garçon intelligent → **une** fille intelligen**te**

Je lis.

1 Je lis des phrases.

1. Ma chatte tigrée est très patiente.
2. J'ai copié les additions et les soustractions sous le titre de la leçon « Les opérations ».
3. Ce petit patient doit subir une opération au plus vite.

2 Je lis sans hésiter.

il est parti / une partition / la patience / impatient / patiemment
le tigre / un titre / la compétition / un bâtiment / nous portions
nous chantions / gentiment / il a bâti / attention

10 

Je lis ce texte.

Extrait de *La revanche des aubergines* (2)

Puni parce qu'il ne veut pas manger d'aubergines, Tanguy monte se cacher au grenier. Il y trouve une trompette qu'il ramène dans sa chambre.

Tanguy a faim. […] Sa maman ouvre la porte.

– Je t'ai apporté quelque chose à manger. […]

– *Encore des aubergines ???* […] Je voudrais vous transformer en énormes aubergines ! crie Tanguy.

Puis il souffle dans la trompette de toutes ses forces. *POUET !*

– À vos ordres, patron ! répond une voix.

– Qui a parlé ?

– Le génie de la trompette. […] Et puisque tu m'as libéré, tu as droit à 29 vœux. […] Alors, ton premier vœu ?

– Je sais pas… euh, je vais réfléchir. Je voudrais dormir d'abord.

– À vos ordres, patron ! dit le génie et aussitôt, Tanguy s'endort.

Le lendemain matin, la maman de Tanguy ne le réveille pas pour aller à l'école.

Tanguy se lève tout seul, va au salon et trouve trois grosses aubergines à la place de sa famille.

Je relis le texte et je recherche.

Que se passe-t-il quand Tanguy souffle dans la trompette ?

Débat

À ton avis, comment se fait-il que Tanguy trouve trois aubergines à la place de sa famille ?

Écriture

Choisis un personnage et un objet.
Imagine un vœu. Invente une histoire.

10 Je m'entraine à lire.

1 Je lis de nouvelles phrases.

1. Tanguy, très en colère, veut transformer ses parents en aubergines.
2. Le génie de la trompette peut exaucer vingt-neuf vœux.
3. Tanguy préfère réfléchir avant de demander ses vœux au génie.

2 Je lis un nouveau texte.

Un magicien africain demande à Aladdin d'aller lui chercher une lampe. Pour l'aider dans sa recherche, le magicien confie un anneau à Aladdin. Une fois la lampe trouvée, Aladdin refuse de la donner au magicien. Le magicien abandonne alors le garçon dans une grotte.

Aladdin frotta, sans y penser, l'anneau que le magicien africain lui avait mis au doigt et dont il ne connaissait pas encore le pouvoir. Aussitôt un génie, d'une figure énorme et d'un regard épouvantable, s'éleva devant Aladdin comme s'il sortait de la terre.
Il grandit tellement que sa tête toucha le plafond de la grotte.
Il dit à Aladdin : « Que veux-tu ? Me voici prêt à t'obéir, comme ton esclave et l'esclave de tous ceux qui ont l'anneau au doigt. »

Extrait de « Aladdin et le génie de la lampe »,
Contes des Mille et une nuits

J'observe la langue.

Je voudrais vous transformer en énormes aubergines !

À vos ordres, Patron !

Pouet !

Avec la lettre E.

Le ciel fait entendre son **l** comme **le miel**…
Le bec fait entendre son **c** comme **avec**…
La mer fait entendre son **r**, mais le **r** de **jouer** se tait, comme celui de **tousser** ou de **bâiller**…

Je me rappelle.

	du **sel**	**sec**	la **mer**	mang**er**	le n**ez**	un carn**et**
	el (e+l)	**ec** (e+c)	**er** (e+r)	**er** (e+r)	**ez** (e+z)	**et** (e+t)
	[ɛl]	[ɛk]	[ɛʀ]	[e]		[ɛ]

J'observe.

el → un caramel / un tunnel / un hôtel / le miel
ec → avec / un bec / un hectare
er → une aubergine / vert / couverture / personne
et → un bracelet / un pistolet / un robinet

[e] les / des — [e] deux filles / tu joues
[ɛʀ] mer / ouvert — [ɛʀ] manger / sonner

Je lis.

1 Je lis des phrases.

1. Mon merle a perdu son bec, un bec, deux becs, trois becs.
2. En hiver, le gel a recouvert les dernières plantes vertes.
3. La personne qui traverse la rue va chercher mon père à la gare.

2 Je lis sans hésiter.

s'énerver / pleurer / un appel / un courriel / amer / persévérer
sec / un poulet / le poignet / vous venez / permis / dernier

10

Je lis ce texte.

Extrait de *La revanche des aubergines* (3)

Tanguy décide de manquer l'école.

– Je vais m'acheter des BD ! lance-t-il.

[...]

Tanguy monte dans le bus.

– Excusez-moi, dit-il au chauffeur, c'est quel arrêt pour le magasin de BD ?

– Connais pas, répond le chauffeur. [...]

Tanguy n'aime pas les gens qui ne sont pas gentils avec les enfants et qui ne lisent pas de BD. Alors quand le bus s'arrête et ouvre ses portes... *POUET* !

À la librairie, Tanguy choisit le dernier *Je suis un loup-garou*. Mais arrivé à la caisse, il s'aperçoit qu'il n'a pas assez d'argent.

– Alors, je ne peux pas te donner la BD, dit la caissière. C'est comme ça.
Tanguy ne dit rien. Il prend juste sa trompette et… *POUET* !
Durant la matinée, Tanguy souffle plusieurs fois dans sa trompette.
Mais il commence à s'inquiéter :
« Qui va s'occuper de moi si tout le monde est transformé en aubergine ? »
De retour à la maison, il retrouve sa famille à la même place, au salon.

Je recherche.

Pourquoi Tanguy souffle-t-il dans sa trompette ?
Que se passe-t-il alors ?

Débat

À ton avis, que va faire Tanguy ?

Écriture

Recherche dans l'album les personnages qui ont été transformés en aubergines. Pourquoi ont-ils été transformés ?
Et toi, aimerais-tu parfois transformer quelqu'un en aubergine ? Qui ? Pourquoi ? Écris un texte et illustre-le.

10 Je m'entraine à lire.

1 Je lis de nouvelles phrases.

1. À la librairie, Tanguy achète la dernière bande dessinée publiée dans la collection « Je suis un loup garou ».
2. Tanguy transforme le chauffeur de bus et la caissière de la librairie en aubergines.

2 Je lis un nouveau texte.

Pinocchio s'est enfui au pays des jouets mais à son retour, il s'aperçoit que ses oreilles ont poussé et qu'il devient un âne.

– Oh ! Pauvre de moi ! Pauvre de moi !, hurla Pinocchio en saisissant ses oreilles à pleine main, tirant dessus et essayant de les arracher rageusement comme si ce n'étaient pas les siennes.
– Mon ami, intervint la marmotte pour le calmer, que cherches-tu donc à faire ? Tu n'y peux rien ! C'est le destin ! Il est prouvé scientifiquement que tous les enfants paresseux qui rejettent les livres, l'école et les maitres, qui passent leurs journées à jouer et à se divertir, deviennent tôt ou tard des petits ânes.
– C'est prouvé ?, questionna la marionnette en sanglotant.
– Hélas, oui ! Et désormais les pleurs sont inutiles. Il fallait y penser plus tôt.

Extrait de C. Collodi, *Les aventures de Pinocchio*

J'observe la langue.

– Connais pas ! dit le chauffeur.
– Je **ne** connais pas ! dit le chauffeur.

– C'est pas moi, dit Tanguy.
– Ce **n'**est pas moi, dit Tanguy.

Avec la lettre E.

Une **bête** qui perd son chapeau, remplace son **t** par deux **l** et devient **belle**.
Un prince qui veut se marier ajoute deux **s** et un **e** et trouve une **princesse**.
Une **fille** qui ne veut pas grandir chausse deux **t** et un **e**, c'est alors une **fillette**.

Je me rappelle.

	une pe**lle**	une cache**tte**	la te**rre**	une tre**sse**	un re**nne**
	elle (e+lle)	**ette** (e+tte)	**erre** (e+rre)	**esse** (e+sse)	**enne** (e+nne)
	[ɛl]	[ɛt]	[ɛʀ]	[ɛs]	[ɛn]

J'observe.

elle → des jumelles / belle / une manivelle / la dentelle
ette → une trompette / une lunette / une courgette
erre → le verre / une équerre / une pierre
esse → la maitresse / la jeunesse / une ogresse
enne → la benne / qu'elle prenne / une antenne

un maitre → **une** maitr**esse**

Je lis.

1 Je lis des phrases.

1. J'appelle ma chienne qui sort de sa cachette.
2. Les rennes du Père Noël se mettent en route au son de leurs clochettes.

2 Je lis sans hésiter.

une maisonnette / une sonnette / une devinette / des chaussettes
le tonnerre / il enterre / une caresse / caresser / ancienne

10 

Je lis ce texte.

Extrait de *La revanche des aubergines* (4)

De retour à la maison, Tanguy fait ce qui est interdit : manger une glace devant la télé. Mais, il se sent seul.

Tanguy appelle le génie.

– Il me reste combien de vœux ?

– [...] Voilà : il t'en reste deux. Alors ?

– Je veux que maman, papa et tous ceux que j'ai transformés en aubergines redeviennent comme avant. Même mon frère.

Aussitôt dit... *POUET !*

Ce soir-là, comme d'habitude, la maman de Tanguy met la table, pendant que son père et son frère regardent le foot à la télé. Ils ne se rappellent rien. Aucun souvenir de leur journée d'aubergines.

Tanguy est le premier à s'asseoir à table. Il est content d'avoir de nouveau une famille. Si content qu'il ne reconnaît pas tout de suite l'odeur...

– ... *des aubergines ?*

– Oui, tu n'en as pas mangé hier, alors j'ai pensé à t'en refaire ce soir, dit sa maman.

– Mais... je déteste ça !

– Eh bien, tu vas adorer, maintenant ! Elle saisit la trompette, où le génie attend d'exaucer le dernier vœu, et... *POUET* !

Je recherche.

Explique ce que fait chaque personnage.

Débat

À ton avis, quel est le dernier vœu exaucé par le génie ?

Je lis un extrait de bande dessinée.

Zouk est une sorcière qui vit dans une grande ville. Un jour, alors qu'elle se promène dans une rue, elle rencontre une autre sorcière qui s'appelle Bertille. Bertille refuse de devenir son amie alors Zouk se fâche.

10

Je lis la fin de la bande dessinée.

Zouk et Bertille continuent leur dispute. Elles se transforment en cochons, en balais, en poubelles. Mais au bout d'un moment, elles sont fatiguées alors Zouk propose d'arrêter de se disputer.

« Redevenons des petites sorcières : " Abracadabrouille cadabr… " »
Catastrophe, ça ne marche pas ! Zouk a la tête de Bertille et Bertille a celle de Zouk !

Alors, elles prononcent ensemble la formule magique :
« Abracadabri cadabra, ça suffit comme ça ! » Cette fois, ça marche !
« Tu es drôlement forte ! » dit Bertille. « Toi aussi ! » dit Zouk.

Et elles promettent de ne plus recommencer… jusqu'à la prochaine fois !

Extrait de Serge Bloch, *Zouk la petite Sorcière qui a du caractère*, illustré par Nicolas Hubesch, *Les Belles Histoires* 439, mai 2009 © Bayard Presse

Quelques lettres muettes.

Il rit avec un **t**, mais **tu ris** avec un **s**.
Il mange avec un **e** mais **tu manges** avec un **s**.
Et tous ensemble que font-ils ? **Ils rient** avec **ent**
et **ils mangent** avec **ent**.
Ces mots-là ne sont jamais contents,
ils se **cachent** derrière leur déguisement.

Je me rappelle.

	il rit	tu ris	tu manges	ils ri**ent**	ils mang**ent**
	t	**s**		**ent**	
	[t]	[s]		[ã]	

J'observe.

▶ **J'entends [ã].**
douc**em**ent

▶ **Je n'entends pas [ã].**
ils parl**ent**

Je lis.

1 Je lis des phrases.

1. Les enfants doivent manger des légumes pour devenir intelligents.
2. Tu demandes toujours le récit de nos voyages.
3. Alors ils dirent : « Nos frères ? Ils arrivent demain. »

2 Je lis sans hésiter.

il veut / elle peut / content / ils comptent / elles continuent / vraiment / elle crie / elles rient / les petites sorcières / elles s'amusent / tu parles

10 Ce que j'ai appris.

Je dois savoir écrire.

sept / dix / six / aller / parler / chez / huit / lui / je suis

J'observe la fin des mots.

Son	Écriture	
[ɛl]	el →	le mi**el**
	elle →	une éch**elle**
[ɛk]	ec →	un b**ec**
[ɛ]	et →	un jou**et**
[ɛt]	ette →	des lun**ettes**

Son	Écriture	
[ɛʀ]	er →	la m**er**
	erre →	la t**erre**
[ɛn]	enne →	une ant**enne**
[e]	er →	se cach**er**
[e]	ez →	vous mang**ez**

Je reconnais des lettres muettes.

lire → je lis   tu lis   il lit

jouer → je joue   tu joues   ils jouent

Je reconnais des phrases déclaratives et interrogatives.

Tu reconnais cette odeur de ratatouille.

Reconnais-tu cette odeur de ratatouille ?

Il mange des épinards à la cantine.

Mange-t-il des épinards à la cantine ?

Je reconnais des phrases exclamatives.

Je n'aime pas la soupe !   Quelle horreur !   Beurk !

Je reconnais des phrases affirmatives et négatives.

Connais-tu la bande dessinée de Zouk la sorcière ?

« **Oui**, je connais cette bande dessinée. »

« **Non**, je **ne** connais **pas** cette bande dessinée. »

Ce que j'ai appris dans les albums.

Dans les albums, il y a des personnages qui nous ressemblent :

- Ce sont parfois des enfants : une petite fille (*L'histoire de la petite fourmi qui voulait déplacer des montagnes*), un garçon et sa sœur (*Un livre, ça sert à quoi ?*, *Hänsel et Gretel*).

- Ce sont aussi des adultes : une maman (*L'histoire de la petite fourmi qui voulait déplacer des montagnes*, *La revanche des aubergines*), un papa (*Hänsel et Gretel*, *La revanche des aubergines*), un chauffeur de bus (*La revanche des aubergines*), un monsieur (*J'ai un lion à la maison*).

Parfois, ces personnages vivent des situations que l'on pourrait vivre dans la vraie vie :
Lire des livres comme dans *Un livre, ça sert à quoi ?*, raconter des histoires le soir avant de s'endormir (*L'histoire de la petite fourmi qui voulait déplacer des montagnes*), être puni (*La revanche des aubergines*), etc.

Parfois, ils vivent des situations étranges qui ne peuvent pas se passer dans la vraie vie :
Trouver un lion qui parle assis dans son salon (*J'ai un lion à la maison*), rencontrer une sorcière (*Hänsel et Gretel*), avoir une trompette magique (*La revanche des aubergines*).

Dans les histoires, il y a aussi des personnages qui n'existent pas dans la réalité :
Des animaux qui vivent comme des humains (comme dans *Ce que lisent les animaux avant de dormir*, *Le loup qui voulait changer de couleur*) ; des personnages imaginaires (la sorcière de *Hänsel et Gretel*) ; des animaux qui n'ont pas le même comportement que dans la réalité (*Un loup au paradis*).

Comme nous, tous ces personnages connaissent : des aventures, des joies, des problèmes, etc.
Ils peuvent :
– rencontrer des amis, des ennemis, avoir peur, être tristes, être heureux d'avoir des amis,
– être punis,
– avoir envie de changer ou de changer de vie,
– vouloir être les plus forts (*Le loup qui voulait changer de couleur*, *Un loup au paradis*, *La revanche des aubergines*),
– être obligés d'affronter les difficultés tout seuls sans l'aide d'un adulte (*Hänsel et Gretel*)…

Illustrations :
Rémi Saillard, Jessica Secheret
Yasmine Gateau (p. 22), Anne Horrenberger (pp. 64 et 66), Thierry Dedieu (p. 123)

Crédits photographiques
– p. 32-ht g : ph. © Gettyimages / Comstock
– p. 32-ht d : ph. © Gettyimages / Troels Graugaard
– p. 32-bas g : ph. © Karine Gros
– p. 32-bas d : ph. © Karine Gros
– p. 46 : ph. © Fotolia / visceralimage
– p. 63 : ph. © BSIP / Photo Researchers / Francesco Tomasinelli
– p. 64-ht : ph. © Naturimages / Florent Borderie
– p. 64-bas g : ph. © BSIP / Photo Researchers / Gregory D. Dimijian, M.D
– p. 64-bas d : ph. © Fotolia / DjiggiBodgi.com
– p. 65-ht : ph. © Nature Picture Library / Paul Harcourt Davies
– p. 65-bas g : ph. © Nature Picture Library / Stephen Dalton
– p. 65-bas m : ph. © BSIP / Photo Researchers / David M. Phillips, Ph. D.
– p. 65-bas d : ph. © Nature Picture Library / Wild Wonders of Europe / Möllers
– p. 66 g : ph. © Getty Images / Peter Lilja
– p. 66 d : ph. © Biosphoto / Juniors Bildarchiv
– p. 70 : ph. © BSIP et Biosphoto
– p. 124 : ph. © Fotolia / D. Lemoine.
– p. 137 : *Le Petit Poucet*, Charles Perrault (1628-1703) - Gustave Doré (1832-1883), Bibliothèque nationale de France, BIS / ph. Jeanbor © Archives Larbor
– p. 154 : bouquet de brocolis : ph. © Shutterstock / Nattika ; poivron rouge : ph. © Shutterstock / Alexlukin ; fraises : ph. © Shutterstock / Krystyna Kaczmarek ; prune : ph. © Shutterstock / Dionisvera
– p. 155 : poissons : ph. © Shutterstock / Antonio S ; fromages : ph. © Shutterstock / YellowJ ; viande : ph. © Shutterstock / Gayvoronskaya_Yana ; fillette panier : Gorillaimages

Direction éditoriale : Sylvie Cuchin
Édition : Anne Marty
Correction : Florence Richard
Conception de la maquette et mise en page : Anne-Danielle Naname
Recherche iconographique : Anne Mensior

N° de projet : 10219299
Dépôt légal : mars 2016
Achevé d'imprimer en Espagne en mars 2016 sur les presses de Graphicas Estella